Kraschinski

Sozialverträgliche Gestaltung der Arbeitnehmerüberlassung

Gloria Kraschinski

Sozialverträgliche Gestaltung der Arbeitnehmerüberlassung

Schriftenreihe zur Zeitarbeit

Verlag Personal, Recht, Management Ltd.

Bibliographische Information der deutschen Nationalbibliothek
Die Deutsche Nationalbibliothek verzeichnet diese Publikation in der Deutschen Nationalbibliographie; detaillierte bibliographische Daten sind im Internet über http://dnb.d-nb.de abrufbar.

Niederlassung Deutschland: Lindlaustr. 2a, 53842 Troisdorf

Umschlagskonzeption: Verlag Personal, Recht, Management Ltd.
Satz: Verlag Personal, Recht, Management Ltd.
Druck: Books on Demand GmbH, Norderstedt
Printed in Germany, Mai 2009

ISBN 978-3-941388-19-2

Inhaltsverzeichnis

Abkürzungsverzeichnis

AEntsG	Arbeitnehmer-Entsendegsetz
a. F.	alte Fassung
ANÜ	Arbeitnehmerüberlassung
AMP	Arbeitgeberverband Mittelständischer Personaldienstleister e. V.
Aufl.	Auflage
AÜG	Arbeitnehmerüberlassungsgesetz
BAG	Bundesarbeitsgericht
BetrVG	Betriebsverfassungsgesetz
BGB	Bürgerliches Gesetzbuch
BT - Drucks.	Bundestagsdrucksache
BVerfG	Bundesverfassungsgericht
BZA	Bundesverband Zeitarbeit
CGZP	Tarifgemeinschaft Christliche Gewerkschaften Zeitarbeit und PSA
DGB	Deutscher Gewerkschaftsbund
IAT	Institut für Arbeit und Technik
INZ	Interessengemeinschaft Nordbayerischer Zeitarbeitsunternehmen e. V.
iGZ	Interessengemeinschaft Deutscher Zeitarbeitsunternehmen e. V.
LAN	Leiharbeitnehmer
LAV	Leiharbeitsverhältnis
MVZ	Mittelstandsvereinigung Zeitarbeit e. V.
RN	Randnummer
S.	Seite
TzBfG	Teilzeit- und Befristungsgesetz
TVG	Tarifvertragsgesetz
VBG	Verwaltungsberufsgenossenschaft
WSI	Wirtschafts- und Sozialwissenschaftliche Institut (WSI) der Hans-Böckler-Stiftung

1 Begrifflichkeiten und Abgrenzung

1.1 Arbeitnehmerüberlassung und beteiligte Parteien

Im Gegensatz zum herkömmlichen Arbeitsverhältnis, bei dem sich Arbeitnehmer und Arbeitgeber als Partner gegenseitiger Rechte und Pflichten gegenüberstehen, ist die Arbeitnehmerüberlassung durch ein Dreiecksverhältnis gekennzeichnet. Der Arbeitgeber tritt als Verleiher auf und überlässt den Arbeitnehmer (Leiharbeiter) an einen Dritten (Entleiher) zur Arbeitsleistung (§ 1 I S.1 AÜG).

Der Arbeitnehmer wird somit nur eingestellt, um ihn an ein anderes Unternehmen zu entleihen. Neben dem eigentlichen Arbeitgeber (dem Verleiher) tritt damit noch ein zweiter, faktischer Arbeitgeber, der Entleiher. Allein durch diese Besonderheit wird sich die Arbeitnehmerüberlassung immer von anderen Arbeitsverhältnissen unterscheiden.

Als Synonyme für Arbeitnehmerüberlassung werden häufig die Begriffe Leiharbeit, Zeitarbeit oder Personalleasing verwendet. Insbesondere die Bezeichnung Zeitarbeit führt zu Irritationen, da diese schnell mit Teilzeitarbeit oder befristeten Verträgen in Verbindung gebracht wird. Der Begriff rechtfertigt sich jedoch insofern, da der Leiharbeiter nur für eine befristete Zeit an den Entleiher überlassen werden soll. Auch der Begriff Leiharbeit kann in die Irre führen, da die Leihe rechtlich betrachtet unentgeltlich erfolgt (§ 598 BGB).

Darüber hinaus werden Leiharbeiter und die im Betrieb des Entleihers direkt angestellten Mitarbeiter teilweise in externe und interne Beschäftigte unterschieden.

Im Folgenden wird zur Vereinfachung die Abkürzung *LAN* für den Begriff Leiharbeitnehmer verwendet, *LAV* für Leiharbeitsverhältnis und *ANÜ* für Arbeitnehmerüberlassung verwendet.

1.2 Echte und Unechte Leiharbeit

Das Arbeitnehmerüberlassungsgesetz (AÜG) setzt den rechtlichen Rahmen für die gewerbsmäßig betriebene Überlassung von Arbeitskraft, d. h. für den Verleih von Arbeitnehmern, der dauerhaft und mit Gewinnerzielungsabsicht geschieht.[1] Diese Form der Arbeitnehmerüberlassung wird als unechte Leiharbeit bezeichnet. Demgegenüber werden bei der echten Leiharbeit die Arbeitnehmer nur gelegentlich, und nicht mit der Absicht Gewinne zu realisieren, verliehen.[2] „Echte" Leiharbeit wird sie genannt, weil die fehlende Gewinnerzielungsabsicht eher der der per Gesetz unentgeltlichen Leihe (§ 598 BGB) entspricht.

[1] Auf „Selbständigkeit" als weiteres Kriterium der „Gewerbsmäßigkeit" soll hier nicht eingegangen werden.

[2] Schüren, Peter: AÜG, 2. Aufl., München 2003, S. 49, RN 77

Wenn von „gewerblicher" ANÜ gesprochen wird, ist damit folglich immer die unechte Leiharbeit gemeint, die gänzlich der Anwendung des ÄUG unterliegt.

Lange Zeit gab es kontroverse Ansichten über die Einordnung von sog. Mischbetrieben bzw. Mischunternehmen, die nicht ausschließlich oder nur gelegentlich Arbeitnehmerüberlassung betreiben. In der Begründung der Bundesregierung zum AÜG[3] setzt das gewerbsmäßige Überlassen voraus, „dass der Hauptzweck des Betriebs oder eines Betriebsteils darauf gerichtete ist, aus der Arbeitnehmerüberlassung einen wirtschaftlichen Gewinn zu erzielen." Im Dritten AÜG - Erfahrungsbericht[4];[5], machte die Bundesregierung jedoch deutlich, dass Arbeitnehmerüberlassung immer dann gewerbsmäßig i. S. d. AÜG betrieben wird, wenn die Überlassung im Einzelfall maßgeblich in Gewinnerzielungsabsicht erfolgt. Damit richtet sich die Anwendung das AÜG nicht nach dem Haupt- oder einem sonstigen Zweck des Betriebes, sondern jeweils nach dem einzelnen Überlassungsvertrag.[6]

1.3 Normalarbeitsverhältnis und Leiharbeit

1.3.1 Exkurs: Das Normalarbeitsverhältnis in der Diskussion

Der Begriff des „Normalarbeitsverhältnisses" wurde maßgeblich von Ulrich Mückenberger und Ulrich Walwei geprägt. Traditionell bedeutet es „ein auf Dauer angelegter Arbeitsvertrag mit fester Vollzeit, ein tarifvertraglich normiertes und existenzsicherndes Entgelt mit Sozialversicherungspflicht sowie die persönliche Abhängigkeit und Weisungsgebundenheit des Arbeitnehmers vom Arbeitgeber.[7]" Noch besser begreifen lässt sich das Normalarbeitsverhältnis, wenn soziale Aspekte ergänzt werden. So kann ein kontinuierliches Arbeitsumfeld mit wenigen Veränderungen hinsichtlich Arbeitgeber, Mitarbeiter und Arbeitsplatz als eine wichtige Voraussetzung für Integration und damit auch soziale Stabilität betrachtet werden. An dem traditionellen Leitbild orientieren sich Gesetzgebung, Rechtssprechung und Exekutive noch immer weitestgehend.

Im Laufe der Zeit haben sich jedoch eine Vielfalt davon abweichender Arbeitsformen herausgebildete, die zunehmend Eingang in die Gesetzgebung gefunden haben. Dazu gehören: Teilzeitarbeitsverhältnisse, befristet Arbeitsverträge, Leiharbeit oder auch Telearbeit. Gerade weil diese Formen der Beschäftigung in ihrer gesellschaftlichen Verbreitung stark zugenommen haben, herrschen seit Jahren anhaltende Diskussionen über die Neudefinition von Normalarbeitsverhältnissen bzw. die Neueinordnung von atypischen Formen. Einerseits

---

[3] BT - Drucks. 4/2303, S. 10

[4] Die Bundesregierung legt alle 4 Jahre einen Bericht über Erfahrungen bei der Anwendung des Arbeitnehmerüberlassungsgesetz vor;

[5] BT - Drucks. 8/2025, S. 15

[6] Schüren, Peter: AÜG, 2. Aufl., München 2003, S. 254, RN 289-291

[7] Dr. Heide Pfarr in WSI Mitteilungen 5/2000, S.279

wird die Diskussion beherrscht von der Angst vor Ausbeutung, sozialer Ungerechtigkeit und eines gesellschaftlichen Ungleichgewichtes. Es soll dann möglichst an der bisherigen Definition festgehalten werden, da der so beibehaltene Maßstab in der Debatte über die Akzeptanz und Förderung von atypischen Arbeitsverhältnissen eine bessere Ausgangsposition liefert.

Auf der anderen Seite wird in den Anforderungen des globalen Wettbewerbs die Notwendigkeit flexibler, vom Normaltypus abweichender Beschäftigungsformen gesehen. Es wird die Deregulierung des Arbeitsmarktes gefordert um individuell derartige Formen einsetzen zu können. Es wird ein direkter Zusammenhang zwischen Deregulierung und positiver Auswirkung auf den Arbeitsmarkt gesehen sowie zwischen Flexibilisierung und Beschäftigungsniveau. Dabei soll häufig als „normal" gelten, was üblich geworden ist, also bereits eine gewisse Verbreitung auf dem Arbeitsmarkt erlangt hat.

Dr. Heide Pfarr, Wissenschaftliche Direktorin des WSI, stellte bereits 2000 fest, dass in der Diskussion um das Normalarbeitsverhältnis häufig von der Realität auf die Norm geschlossen wird[8]. Eine politische Gestaltbarkeit wird damit verneint oder als unerwünscht betrachtet und der Arbeitsmarkt den Gesetzen der Ökonomie unterworfen.

Der Begriff Normalarbeit darf jedoch nicht auf die Beschreibung einer (temporären) Realität beschränkt werden. Vielmehr liegt seine Bedeutung in dem Maßstab, den er seit jeher setzt: Arbeitsverhältnisse sollen so gestaltet sein, dass sie zu einer langfristigen Existenzsicherung führen und dass ein Augleich des Machtunterschiedes zwischen den Vertragsparteien geschaffen wird.

Es macht demnach auch wenig Sinn starr an der traditionellen Definition festzuhalten, nicht zuletzt weil diese unvollständig und diskriminierend ist. So grenzt sie z.B. durch den Bezug auf Vollzeit Arbeitsformen aus, die insbesondere für die Integration der Frau eine wichtige Bedeutung einnehmen (Teilzeitarbeit, Telearbeit).

Der Topos „Normalarbeit" sollte also vielmehr als Wertemaßstab, wie oben beschrieben, bei der Beurteilung verschiedener Beschäftigungsformen dienen. Er sollte als sozialpolitischer Gestaltungsauftrag verstanden werden, der sich den veränderten wirtschaftlichen und v. a. gesellschaftlichen Rahmenbedingungen nicht verschließt sondern einen Ausgleich schafft. So benötigen auch Arbeitssituationen, die sich auf diese Weise nicht als Normalarbeitsverhältnis beschreiben lassen, ein bestimmtes Maß an rechtlichen Schranken als Schutz vor den Gesetzen der Ökonomie.

1.3.2 Einordnung des Leiharbeitsverhältnisses

Wie im vorherigen Kapitel beschrieben, kann der Begriff Normalarbeit traditionell verstanden als Spiegelbild an die Realität angepasst oder als Wertemaßstab betrachtet werden.

---

[8] Dr. Heide Pfarr in WSI Mitteilung 5/2000, S. 280

Wird Leiharbeit an dem traditionellen Begriff der Normalarbeit gemessen, so ergibt sich derzeit folgende Gegenüberstellung:

Kriterium	Arbeitnehmerüberlassung
Stabilität / Dauer	• Grundsätzlich unbeschränkte Überlassung möglich, aber • der überwiegende Teil der Leiharbeitsverhältnisse besteht nicht länger als 3 Monate[9] • häufig wechselnde Entleihbetriebe sind der Leiharbeit immanent • Anteil der befristeten Arbeitsverhältnisse ist etwa dreimal höher als in der Gesamtwirtschaft[10]
Existenzsichernd	• Seit 2004 wurden zahlreiche Tarifverträge abgeschlossen, aber • keine Anpassung an Niveau der Stammbelegschaft • Einstiegslöhne liegen deutlich im Niedriglohnbereich[11]
Sozialversicherungspflicht	Ja
Persönliche Abhängigkeit / Weisungsgebundenheit	• Zwei „Arbeitgeber" entscheiden über Einsatzort und Arbeitszeiten • „doppelte" Weisungsgebundenheit • „doppelte" wirtschaftliche Abhängigkeit
Vollzeit	Überwiegend

Wird der Wertemaßstab nun in die Betrachtung einbezogen, dann zeigt sich, dass Leiharbeit derzeit nicht als eine langfristig existenzsichernde Arbeitsform betrachtet werden kann. Neben niedrigen Löhnen, sind Leiharbeitsverhältnisse derzeit nicht von Dauer. Gleiches gilt für die Verleihzeiten. Als zu den flexiblen Arbeitsformen zählend ist letzteres sicherlich der Leiharbeit immanent. Der LAN trägt somit jedoch ein zusätzliches wirtschaftliches Risiko. Er ist nicht nur abhängig von der Situation im Entleihbetrieb sondern auch von der Auftragslage seines Verleihers. Schafft ein Normalarbeitsverhältnis den Ausgleich zwischen den verschiedenen Machtpositionen, so scheint dies bei der Arbeitnehmerüberlassung nicht zu gelingen, da es ansonsten keine Kopplung zwischen den kurzen Überlassungszeiten und der Dauer der Leiharbeitsverhältnisse insgesamt gäbe.

Dementsprechend fällt es schwer Leiharbeit als Normalarbeitsverhältnis zu akzeptieren.

---

[9] Siehe Kapitel 3

[10] ebd.

[11] Siehe Kapitel 4

1.4 Fazit

Der LAN ist ganz speziellen Rahmenbedingungen ausgesetzt. Das zu Grunde liegende Arbeitsverhältnis lässt sich mit keinem anderen vergleichen. Darüber hinaus, lässt es sich trotz zunehmender Verbreitung nicht als Normalarbeitsverhältnis klassifizieren. Wenn Leiharbeit als ein Instrument flexibler Beschäftigung akzeptiert oder gefördert werden soll, muss seinen Besonderheiten Rechnung getragen werden durch entsprechende rechtliche und gesellschaftliche Rahmenbedingungen. Wenn dies gelingt, würde die Sozialverträglichkeit von Leiharbeit kaum noch in Frage gestellt.

2 Die rechtlichen Rahmenbedingungen von Leiharbeitsverhältnissen

Das BVerfG hob in seiner Entscheidung vom 04. 04. 1967, das bis dahin geltende Verbot der gewerblichen Arbeitnehmerüberlassung auf und richtete gleichzeitig an den Gesetzgeber den Auftrag, sozialverträgliche Regelungen für die Überlassung zu schaffen. Seitdem erfuhr es vielfältige Änderungen. Bereits zum damaligen Zeitpunkt wurde der LAN als besonders schutzbedürftig gesehen. In Folge dessen trat 1972 das Arbeitnehmerüberlassungsgesetz in Kraft. Bis heute erfuhr das AÜG vielfältige, in der Regel deregulierende Änderungen. Auf diesen Prozess, den aktuellen Regelungsgehalt des AÜG sowie weitere Rechtsgrundlagen des LAV soll in diesem Kapitel eingegangen werden.

2.1 Das Leiharbeitsverhältnis - Vertragsbeziehungen

Gem. § 1 S. 1 AÜG bedeutet Arbeitnehmerüberlassung i. S. d. Gesetzes, die gewerbsmäßige Überlassung des Arbeitnehmers (Leiharbeitnehmer) zur Arbeitsleistung an einen Dritten (Entleiher) durch den Arbeitgeber (Verleiher).

Bei der Leiharbeit stehen sich damit nicht wie üblich 2 Parteien gegenüber sondern 3.

Trotz dieser Besonderheit besteht nur zwischen dem LAN und dem Verleiher eine arbeitsvertragliche Beziehung auf der die Vorschriften des BGBs Anwendung finden. Dem Verleiher obliegen grundsätzlich die gleichen Pflichten (insbesondere die Fürsorgepflicht gem. § 618 BGB) und Rechte (z. B. Direktionsrecht) wie jedem anderen Arbeitgeber. Gleiches gilt für den Arbeitnehmer. Auch die Vergütung erhält der Leiharbeitnehmer durch seinen Arbeitgeber. Auf die individuellen (Leih-)Arbeitsbedingungen, die sich zum Teil aus Gesetzt, Arbeits- und oder Tarifvertrag ergeben, wird in Kapitel 4 ausführlich eingegangen.

Der Leiharbeitnehmer wird im Betrieb des Entleihers eingesetzt. Damit kommt dem Entleiher die Stellung eines faktischen Arbeitgebers zu. Er ist gegenüber dem LAN Weisungs- und Direktionsbefugt, muss aber auch Fürsorgepflichten[12] erfüllen. Zwischen dem Entleiher und LAN besteht keine vertragliche Bindung.

Das Verhältnis zwischen Verleiher und Entleiher wird durch den sog. Arbeitnehmerüberlassungsvertrag (§ 12 AÜG) geregelt. Mit diesem wird für die Dauer des Einsatzes das fachliche Weisungsrecht auf den Entleiher übertragen und wesentliche Rahmenbedingungen der Überlassung geregelt: Art der Tätigkeit, nötige Qualifikation des Arbeitnehmers, Dauer der Überlassung, Stundensätze und sonstige Konditionen.

---

[12] § 11 VI AÜG normiert derartige Fürsorgepflichten der Entleihers für den Arbeits- und Gesundheitsschutz.

2.2 Schutzvorschriften des AÜG

Das gewerbliche Leiharbeitsverhältnis wird maßgeblich durch das AÜG geregelt (§ 1 S. 1 AÜG), dessen ursprünglicher Zweck in der Schaffung eines sozialverträglichen Rahmens für die ANÜ lag. So enthielt es von Beginn an starke Beschränkungen der Zulässigkeit des LAV. Im Laufe der Zeit wurden diese Beschränkungen jedoch zunehmend aufgeweicht oder ganz aufgegeben wie die Übersicht am Ende dieses Kapitels zeigt. Zunächst soll jedoch auf die letzte Novellierung (zum 01.01.2004 vollends in Kraft getreten) eingegangen werden.

2.2.1 Gesetzeslage bis zum 31.12.2003

Sowohl in der alten Fassung als auch in der neuen Fassung von §1 II AÜG spricht der Gesetzgeber von „Arbeitgeberrisiken", die der Überlassende zu übernehmen hat. Diese wurden in § 3 I Nr. 1-5 AÜG a. F. konkretisiert. Übernimmt der Entleiher diese Risiken nicht, so wird ihm die Erlaubnis zur gewerblichen Arbeitnehmerüberlassung nicht (wieder)erteilt. Bis zum 31.12.2003 ergaben sich daraus die 3 folgenden Beschränkungen der gewerblichen ANÜ:

- **Befristungsverbot (§ 3 I Nr. 3 AÜG a. F.):**

Nach § 3 I Nr. 3 AÜG a. F. durfte ein Arbeitsvertrag nur einmalig befristet geschlossen werden, es sei denn in der Person des Arbeitnehmers liegt ein sachlicher Grund für die Befristung oder es handelt sich um lückenlos aufeinander folgende befristete Arbeitsverträge mit demselben LAN. Aus Arbeitnehmersicht führte die unzulässige Befristung nach § 3 I Nr.3 zu einem unbefristeten Arbeitsverhältnis (§ 9 Nr. 2 AÜG a. F.), sowie zur Sicherung des Arbeitsentgeltes unabhängig vom Angebot der Arbeitsleistung seitens des LAN (§ 10 Abs. 4 AÜG a. F.).

Die Zulässigkeit der einmaligen Befristung ohne sachlichen Grund sowie der lückenlosen Befristung wurden erst 1997 eingeführt. Damit enthielt das AÜG geringere Befristungsauflagen als im Beschäftigungsförderungsgesetz von 1996 bzw. im späteren Teilzeit- und Befristungsgesetz (ab 2001) vorgesehen waren. Der ursprüngliche Schutzgedanke, nämlich eine Eindämmung der Verlagerung des Unternehmerrisikos auf den Arbeitnehmer, wurde kaum noch durch das Befristungsverbot in dieser Form erfüllt.

- **Synchronisationsverbot (§ 3 I Nr. 5 AÜG a. F.)**

Nur beim erstmaligen Verleih war eine Synchronisation zwischen Einsatzzeit und der Dauer des Arbeitsverhältnisses zulässig.
Auch diese Einschränkung sollte dazu beitragen, dass der Verleiher sein Beschäftigungsrisiko, insbesondere die Pflicht zur Lohnfortzahlung bei Zeiten fehlender Einsatzmöglichkeiten, nicht auf den LAN überträgt[13]. Entsprechend der amtlichen Begründung zum Regie-

[13] Siehe amtliche Begründung zum Regierungsentwurf, BT-Drucks. VI/2303 S.12

rungsentwurf[14] kommt es auf die Art der Beendigung (Befristung, Kündigung, Aufhebungsvertrag etc) nicht an. Darüber hinaus sollte es sich um eine erkennbare Überschreitung der Einsatzzeit handeln.

- **Wiedereinstellungsverbot (§ 3 I Nr. 4 AÜG a. F.)**

Unzulässig war, dass zunächst unbefristet abgeschlossene Arbeitsverträge gekündigt wurden, der Arbeitnehmer jedoch binnen 3 Monaten erneut eingestellt wird.

Für den Arbeitnehmer bedeutete dies gem. § 9 Nr. 3 AÜG a. F., dass eine solche Kündigung unwirksam ist und das Arbeitsverhältnis fortbesteht. Auch hier sah das AÜG vor, dass der Anspruch des LAN auf Arbeitsentgelt in einem solchen Fall nicht von seinem Angebot zur Arbeitsleistung abhängt.

§ 3 I Nr. 4 AÜG a. F. diente so zur Ergänzung von § 3 I Nr. 2 AÜG a. F., der damit nicht durch eine Aneinanderreihung von unbefristeten aber kündbaren Arbeitsverträgen umgangen werden konnte.

Setzen die 3 bisher genannten Beschränkungen beim Arbeitgeberrisiko an und war es Ziel des Gesetzgebers eine Abwälzung auf den Arbeitnehmer zu verhindern bzw. einzudämmen, so zielte die Beschränkung in § 3 I Nr. 6 AÜG a. F. u. a. auf die Eindämmung der arbeitsmarktpolitischen Auswirkungen von Leiharbeitsverhältnissen ab:

- **Beschränkung der Überlassungsdauer (§ 3 I Nr. 6 AÜG a. F.)**

Danach war die Überlassung eines LAN für mehr als 24 Monate an den gleichen Entleiher unzulässig. Generell wurde bereits bei einer Einsatzzeit von mehr als 12 Monaten regelmäßig von Arbeitsvermittlung ausgegangen (§ 1 II AÜG a. F.). Eine Verfestigung der sozialrechtlichen Beziehungen zwischen dem Entleiher und LAN aufgrund von langen Überlassungszeiten sollte mit diesen Beschränkungen verhindert werden. Darüber hinaus sah der Gesetzgeber seit jeher auch eine gewisse Gefahr, dass Stammarbeitsplätze durch dauerhafte Überlassung ersetzt werden könnten. Auf der anderen Seite ist Leiharbeit für alle Beteiligten jedoch umso interessanter, umso länger die Einsatzzeit ist. Der Gesetzgeber befand sich diesbezüglich also in einem Zwiespalt [15] und dehnte dementsprechend die zeitliche Beschränkung nach und nach immer mehr aus.

Gleichwohl wurde jedoch in §10 V AÜG a. F. festgelegt, dass bei einer Überlassung desselben Leiharbeitnehmers an einen Entleihbetrieb, die länger als 12 aufeinander folgende Monate dauert, der Verleiher nach Ablauf des 12. Monats dem Leiharbeitnehmer die für vergleichbare Arbeitnehmer des Entleihers geltenden Arbeitsbedingungen einschließlich des Arbeitsentgelts zu gewähren hat.

---

[14] Siehe amtliche Begründung zum Regierungsentwurf, BT-Drucks. 6/2303, S.12

[15] Vgl. Entwurf II eines Beschäftigungsförderungsgesetzes von 1994, BT-Drucks. 12/7656, S.20

2.2.2 Gesetzeslage seit dem 01.01.2004

2.2.2.1 Das Erste Gesetze für moderne Dienstleistungen am Arbeitsmarkt

In der Problemskizzierung zum Entwurf des Ersten Gesetzes für moderne Dienstleistungen am Arbeitsmarkt heißt es, dass ein umfassender Ansatz, der zahlreiche Handlungsfelder einschließt, nötig ist um eine Neuordnung auf dem Arbeitsmarkt herzustellen[16]. Ziel war es durch ein Bündel an Maßnahmen zunächst die Arbeitslosenzahlen rasch zu senken und nachhaltig Arbeitslosigkeit zu vermeiden sowie zur Erhaltung der internationalen Wettbewerbsfähigkeit des Wirtschaftsstandorts Deutschland beizutragen bzw. diese zu stärken.[17] Langfristig sollten die Maßnahmen darüber hinaus zu einer Abschwächung der Auswirkungen des demografischen Wandels beitragen.

Die im Gesetzesentwurf konkretisierten Maßnahmen sollten dabei sowohl auf der Angebots- als auch auf der Nachfrageseite ansetzen und u. a. zur Erschließung neuer Beschäftigungsmöglichkeiten beitragen bzw. die Schaffung neuer Arbeitplätze unterstützen.

So wurde durch das Erste Gesetz für moderne Dienstleistungen am Arbeitsmarkt vom 23.12.2002 eine der umfassendsten Novellierungen des AÜG zum 01.01.2003 bzw. zum 01.01.2004 herbeigeführt.

2.2.2.2 Die wesentlichen Änderungen

Mit der Novellierung wurden:

- das Synchronisierungsverbot (§ 3 I Nr. 5 AÜG a. F.)
- das Wiedereinstellungsverbot (§ 3 I Nr. 4 AÜG a. F.)
- das Befristungsverbot (§ 3 I Nr. 3 AÜG a. F.) und
- die Beschränkung der Überlassungsdauer aufgehoben (§ 3 I Nr. 6 AÜG a. F.).

Mit Wegfall des besonderen Befristungsverbotes gilt nun das Teilzeit- und Befristungsgesetz auch für die Arbeitnehmerüberlassung.
Als neue Nr. 3 in § 3 I AÜG (Erlaubnisvorbehalt) sowie als neue Nr. 2 in § 9 AÜG (Unwirksame Verträge/Vereinbarungen mit LAN) wurde der Gleichbehandlungsgrundsatz eingefügt. Danach müssen die Arbeitsbedingungen des LAN den wesentlichen Arbeitsbedingungen, einschließlich des Arbeitsentgelts, eines vergleichbaren Arbeitnehmers im Entleihbetrieb entsprechen.

Mit dieser Regelung wurde dem damaligen Richtlinienentwurf der Europäischen Kommission, über die Arbeitsbedingungen von Leiharbeitnehmern, entsprochen[18].

---

[16] Vgl. Gesetzesentwurf eines Ersten Gesetzes für moderne Dienstleistungen am Arbeitsmarkt, BT-Drucks. 15/25, S.1

[17] ebd.

[18] Die Richtlinie wurde am 23.09.2008 vom EU-Parlament verabschiedet.

Das Gesetzt eröffnet jedoch 2 Möglichkeiten zur Durchbrechung des Gleichbehandlungsgrundsatzes:

- Ein zuvor Arbeitsloser wird erstmalig vom Verleiher eingestellt. Der Verleiher kann mit dem LAN ein Nettoentgelt, für die ersten 6 Wochen in Höhe des zuvor bezogenen Arbeitslosengeldes einzelvertraglich vereinbaren.
- Tarifverträge können andere als die im Entleihbetrieb geltenden wesentlichen Arbeitsbedingungen, einschließlich der Entgelte, zulassen. Die Anwendung der Tarifverträge kann auch individualrechtlich vereinbart werden.

In der Begründung zum Gesetzesentwurf heißt es, dass durch den Wegfall der oben beschriebenen Verbote der Zeitarbeitsmarkt einerseits flexibilisiert wird[19]. Andererseits wurde davon ausgegangen, dass die bisherigen Schutzmaßnahmen aufgrund der Einführung des Gleichbehandlungsgrundsatzes entfallen können.

2.2.3 Überblick über die Änderungen des AÜG

ÄUG-Änderung (Jahr)	Befristung zulässig	Synchronisationsverbot	Wiedereinstellungsverbot	Überlassungshöchstdauer	Equaltreatment
1972	Nein	ja	Ja	3 Monate	-
1982	Nein	ja	Ja	3 Monate	-
1985	Nein	ja	Ja	6 Monate	-
1994	Nein	ja*	Ja	9 Monate	-
1997	Ja	ja*	Ja	12 Monate	-
2002	Ja	ja*	Ja	24 Monate	nach 12 Monaten
2003/2004	Ja	nein	Nein	keine	sofort, aber nicht zwingend**

* gelockert

** Abweichung durch Tarifvertrag möglich

Tabelle 1: Änderungen AÜG im Überblick

Wie die Übersicht zeigt wurde der gesetzliche Rahmen zur Arbeitnehmerüberlassung im Laufe der Zeit immer weiter gelockert. Sämtliche ursprünglichen Schutzvorschriften wurden zunächst aufgeweicht und später aufgehoben. Dies letztlich zu Gunsten eines Equaltreatment-Grundsatzes von dem u. a. mittels Tarifvertrag abgewichen werden kann.

[19] Gesetzesentwurf eines Ersten Gesetzes für moderne Dienstleistungen am Arbeitsmarkt, BT-Drucks. 15/25

2.3 Das Teilzeitbefristungsgesetz

Bis Ende 2004 enthielt das AÜG eigene Regelungen zur Befristung von Leiharbeitsverträgen, die weiterreichende Möglichkeiten als das TzBfG eröffneten. Danach war eine Aneinanderreihung von befristeten Arbeitsverträgen möglich, soweit diese lückenlos erfolgte.

Nach § 14 TzBfG kann ein Arbeitsvertrag entweder zweckmäßig oder kalendermäßig befristet sein. Bei der zweckmäßigen Befristung (§ 14 Abs.1 TzBfG) muss ein sachlicher Grund vorliegen. Eine solche Befristung ist auch mehrfach nacheinander möglich, soweit weiterhin ein sachlicher Grund vorliegt. In der Häufigkeit der Befristungen und der Gesamtbefristungsdauer können jedoch Hinweise auf das Fehlen eines sachlichen Grundes liegen.

Liegt kein sachlicher Grund vor, besteht die Möglichkeit den Arbeitsvertrag für maximal 2 Jahre zu befristen (§ 14 Abs. 2 TzBfG). Innerhalb dieser Zeit darf eine Befristung höchstens 3 -mal verlängert werden. Durch Tarifvertrag kann die Anzahl der Verlängerungen sowie die Höchstdauer abweichend geregelt werden.

Eine kalendermäßige Befristung scheidet jedoch aus, wenn zuvor bereits ein befristeter oder unbefristeter Arbeitsvertrag mit demselben Arbeitnehmer bestanden hat.

Bei Arbeitnehmern die zu Beginn des Arbeitsverhältnisses das 52. Lebensjahr vollendet haben und unmittelbar zuvor mindestens 4 Monate arbeitslos gewesen sind, ist eine kalendermäßige Befristung von bis zu 5 Jahren zulässig mit mehrmaliger Verlängerung innerhalb dieser Zeit (§ 14 Abs. 2c TzBfG).

2.4 Die EU-Richtlinie

Nach jahrelangen Debatten ist es den Arbeitsministern der EU am 10.06.2008 endlich gelungen sich auf einen Richtlinievorschlag zur Regelung der Zeitarbeit in Europa zu einigen. Dieser wurde am 23.10.2008 vom Europäischen Parlament verabschiedet. Die EU-Richtlinie beinhaltet im Wesentlichen das Equaltreatment-Prinzip, welches vom ersten Tag an für den LAN gelten soll. Die Sozialpartner können von diesem Grundsatz jedoch abweichen. Da das Deutsche Arbeitnehmerüberlassungsgesetz bereits seit 2003/4 vergleichbare Regelungen vorsieht, sind keine wesentlichen Änderungen aufgrund der verabschiedeten Richtlinie zu erwarten.

2.5 Fazit

Das Erste Gesetz für moderne Dienstleistung am Arbeitsmarkt zielte maßgeblich auf den Abbau von Arbeitslosigkeit ab. Zeitarbeit sollte insbesondere als Möglichkeit zur Ausschöpfung vorhandener Beschäftigungspotentiale gefördert werden. In der Erwartung, dass die Tarifparteien und Unternehmen der Zeitarbeitsbranche soziale Sicherheitsstandards schaffen, dass die vermittlungsorientierte Zeitarbeit in großem Umfang wirksam wird[20] und dass die Unternehmen Zeitarbeit nun verstärkt einsetzen um Überstunden in neue Arbeitsplätze umzuwandeln, wurden bestehende Schutzmechanismen aufgegeben um die Zeitarbeit zu flexibilisieren.

Der Gesetzgeber ging also offensichtlich von 2 Grundvoraussetzungen aus:

1) Zeitarbeit ist eine Möglichkeit um vorhandene Beschäftigungspotentiale auszuschöpfen.
2) Es bedarf der Flexibilisierung des Zeitarbeitsmarktes durch Deregulierung des gesetzlichen Rahmens, um diese Möglichkeit zu nutzen.

Der Gesetzgeber erkannte also richtiger Weise, dass Zeitarbeit kaum zusätzliche Arbeitsplätze schafft, sondern insbesondere auf bereits vorhandene Beschäftigungspotentiale zugreift[21]. Gesellschafts- und sozialpolitisch ist es höchst wünschenswert v. a. Überstunden in zusätzliche sozialversicherungspflichtige Arbeitsverhältnisse umzuwandeln. Das Ziel des Gesetzgebers entspricht also dem ursprünglichen Auftrag des BVerfG „sozialverträgliche Regelungen" zur ANÜ zu schaffen.

Um dieses Ziel zu erreichen, bedarf es für die Entleiher flexible Möglichkeiten damit sie tatsächlich auf externes Personal zugreifen. Insbesondere Überstunden fallen plötzlich oder phasenweise an und bedürfen dementsprechende Ausgleichsmöglichkeiten. Keine der früheren Schutzvorschriften hat jedoch die Entleiher darin beschränkt flexibel auf Auftragesspitzen z.B. zu reagieren. Anders formuliert lässt sich festhalten:

Der Abbau an Schutzvorschriften führt nicht zu erkennbar mehr Flexibilität für den Entleiher.

Flexibilität hingegen haben die Leiharbeitsunternehmen gewonnen. Sie sind nun in der Lage:

- Ursprünglich unbefristete Arbeitsverträge zu kündigen und mit dem gleichen LAN immer wieder neue Arbeitsverträge zu schließen. Da die meisten Leiharbeitsverhältnisse nicht länger als 3 Monate bestehen, muss in der Regel auch das Kündigungsschutzgesetz nicht beachtet werden.
- von vorneherein Arbeitsverträge und Verleiheinsätze zu synchronisieren
- auch nach 12 Monaten Einsatzzeit bei demselben Entleiher an i. d. R. schlechteren Arbeitsbedingungen, verglichen mit dem Stammpersonal des Entleihers, festzuhalten.

[20] Ebenfalls im Rahmen des Ersten Gesetzes für moderne Dienstleistungen am Arbeitsmarkt wurden so genannte Personal Service Agenturen geschaffen, deren Tätigkeitsfeld die vermittlungsorientierte Arbeitnehmerüberlassung ist. Weitere Ausführungen siehe in Kapitel 6.

- zuvor arbeitslose Leiharbeitnehmer für die Überlassung an den Entleiher für maximal insgesamt 6 Wochen entsprechend dem zuvor bezogenem Arbeitslosengeld zu entlohnen.

Einzig das nun zur Anwendung kommende TzBfG hält leicht strengere Regelungen vor als das frühere Befristungsverbot. So ist es nicht überraschend, dass von der Zeitarbeitsbranche gefordert wird, „Zeitarbeit" als solche, als einen sachlichen Grund in das TzBfG aufzunehmen. Denn das gegenwärtige Recht würde die Branche hemmen - so formuliert es der iGZ in seiner Stellungnahme zum 10. AÜG-Erfahrungsbericht der Bundesregierung. Auch die Zulässigkeit der erneut befristeten Einstellung eines zuvor bereits befristet Beschäftigten, wird hier gefordert.

Der ins AÜG eingefügte Grundsatz des Equal-Payments und Equal-Treatments hätte den richtigen Ausgleich zu den weggefallen Schutzrechten schaffen können. Denn er hätte sichergestellt, dass die insbesondere von LAN abgeforderte Flexibilität nicht einhergeht mit einer Schlechterstellung dieser im Vergleich zur Kernbelegschaft. Der Gesetzgeber hat jedoch explizit Möglichkeiten zugelassen, um vom Gleichbehandlungsgrundsatz zu Gunsten oder auch zu Ungunsten des LAN abweichen.[22] Wie Kapitel 4 zeigen wird, sichern die in der Zeitarbeitsbranche abgeschlossenen Tarifverträge jedoch keine Gleichstellung des LAN mit der Kernbelegschaft. Insbesondere die Entlohnung ist größten Teils dem Niedriglohnsektor zuzuordnen.

Das der Leiharbeit inhärente Risiko interne Mitarbeiter durch externe Beschäftigte zu ersetzen, wird insbesondere durch niedrige Löhne und unbeschränkte Überlassungszeit deutlich erhöht. Aus Entleihersicht können LAN nun dauerhaft zu günstigen Konditionen eingesetzt werden.

[22] BT – Drucks. 15/25

3 Die Zeitarbeit als Teilarbeitsmarkt

3.1 Entwicklung der Leiharbeitnehmer und Verleihbetriebe

Seit dem das Bundesverfassungsgericht 1967 das bis dahin bestehende Verbot zur gewerblichen Arbeitnehmerüberlassung als nicht vereinbar mit der Berufsfreiheit ansah, expandiert die Zeitarbeitsbranche kontinuierlich. Allein in den letzten zehn Jahren wuchs die Anzahl der Leiharbeitnehmer um über 250% und die Anzahl der Verleihunternehmen um 136%.

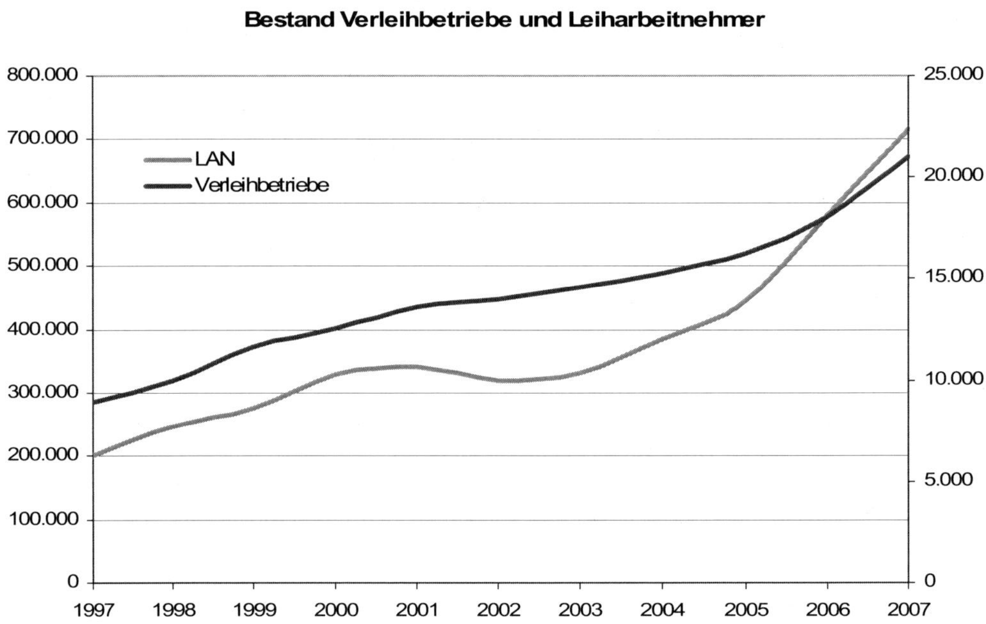

Abb. 1: Entwicklung der Verleihbetriebe und Leiharbeitnehmer (Durchschnittswerte)

Quelle: Bundesagentur für Arbeit

Nach sehr geringen bzw. negativen Zuwachsraten in den Jahren 2001-2003 steigt die Anzahl der LAN seit 2004 wieder sehr stark an. Von 2005 auf 2006 Betrug der Zuwachs sogar 31% und im Oktober 2007 wurde mit 770.100 LAN der bisher höchste Bestand der Bundesagentur für Arbeit gemeldet.

Obwohl die Wachstumsraten der Verleihbetriebe im Durchschnitt nicht ganz so hoch ausfallen, hat auch die Anzahl dieser in den letzten 10 Jahren kontinuierlich zugenommen. Selbst 2002 wurden weitere Zeitarbeitsfirmen gegründet, obwohl im gleichen Zeitraum die Anzahl der beschäftigten Leiharbeitnehmer leicht rückläufig war. Ebenfalls beachtlich ist, dass seit 2004 nicht nur die Anzahl der Verleihbetriebe weiterhin steigt, sondern kontinuierlich auch die auch die Zuwachsraten. Offensichtlich hat also noch keine Marktsättigung eingesetzt und es können immer noch ausreichend Gewinne abgeschöpft werden, die genügend Anreiz für die Gründung weiterer Zeitarbeitsfirmen bieten.

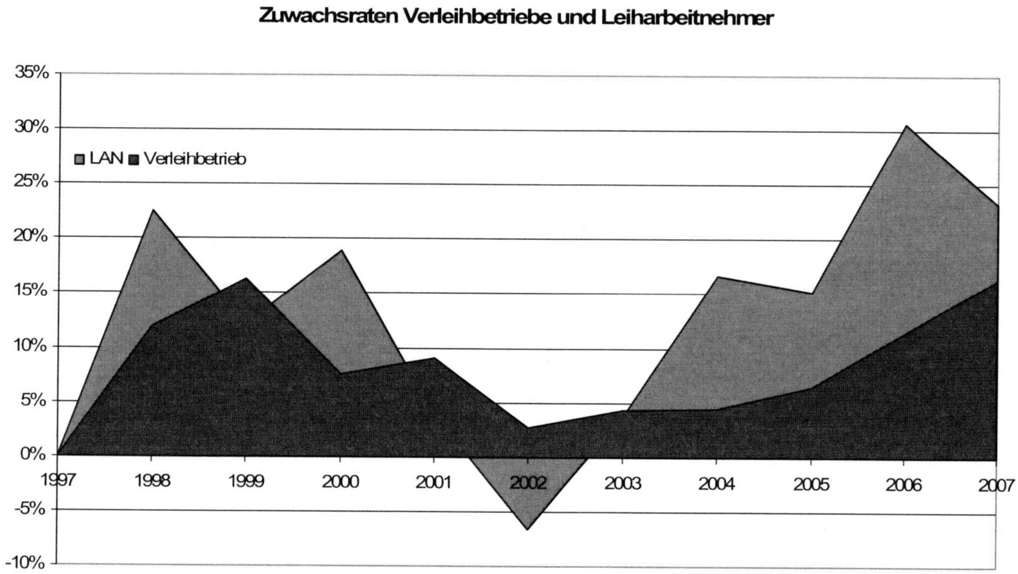

Abb. 2: Zuwachsraten der Verleihbetriebe und Leiharbeitnehmer (Durchschnittswerte)

Quelle: Bundesagentur für Arbeit, eigene Berechnung

3.2 Leiharbeit und Gesamtbeschäftigungsentwicklung

„Die Aufmerksamkeit für Zeitarbeit als Arbeitsmarktsegment gründet sich derzeit nicht so sehr auf die absoluten Beschäftigtenzahlen, sondern vielmehr auf die seit mehreren Jahren konstant hohen Zuwachsraten.“[23]

Diese Aussage aus dem Jahr 1999 hat nichts an ihrer Gültigkeit verloren. Der Anteil der Leiharbeit an den sozialversicherungspflichtigen Beschäftigungsverhältnissen ist mit rund 3% im Jahre 2007 zwar seit 1999 um rund 2 Prozentpunkte gestiegen und hat damit ihren bisher höchsten Stand erreicht, aber trägt dennoch nur sehr geringfügig zur Gesamtbeschäftigung bei. Seit 2004 steigt der Anteil nicht nur kontinuierlich sondern ist auch größer als er

---

[23] Prof. Dr. Klaus Watzka: Personalleasing: Struktur und rechtlicher Rahmen des Konzepts, Jena 1999, S. 2

bis 2003 je gewesen ist. Selbst als im Jahr 2004 und 2005 die Anzahl der sozialversicherungspflichtigen Beschäftigten rückläufig war, stieg die LAN-Quote leicht.

Jahr	Sozialversicherungspflichtige Beschäftigte	Bestand LAN	Anteil LAN an soz.vpfl. Beschäftigten
1999	27.727.524	275.838	0,99%
2000	27.930.768	328.011	1,17%
2001	27.899.132	341.053	1,22%
2002	27.583.381	318.465	1,15%
2003	26.974.249	330.219	1,22%
2004	26.562.609	385.258	1,45%
2005	26.237.415	443.949	1,69%
2006	26.449.494	579.771	2,19%
2007	27.027.200	715.056	2,65%

Tabelle 2: Bestand sozialversicherungspflichtiger Beschäftige und LAN (Durchschnitt)

Quelle: Bundesagentur für Arbeit, eigene Berechnung

Bereits Tabelle 2 deutet an, was Abbildung 3 untermauert: Gesamtbeschäftigungsentwicklung und Leiharbeit sind von ähnlichen Verläufen geprägt. Mit der Abnahme der sozialversicherungspflichtigen Beschäftigung nehmen auch die Zuwachsraten an LAN ab bzw. werden sogar negativ. Steigt die Gesamtbeschäftigungsentwicklung, so steigt der Anteil an LAN ebenfalls deutlich an. Die Zeitarbeit verhält sich also annährend entsprechend der Entwicklung am Gesamtarbeitsmarkt.

Ein Vergleich des Verhaltens von Leiharbeit und Arbeitslosigkeit, wie in Abbildung 3, bestätigt dies. Steigt die Zahl der Arbeitslosen an, nimmt fast zeitgleich der Bestand an Leiharbeitskräften ab. Insbesondere im Jahr 2006 und 2007 sind die Arbeitslosenzahlen stark zurückgegangen. Gleichzeitig stieg der Anteil der Leiharbeitsverhältnisse deutlich.

Allein anhand der Wachstumszahlen jedoch zu konstatieren, dass Leiharbeit zu zusätzlicher Beschäftigung führt, wäre fehlinterpretiert. Beschäftigungszuwachs ist die Folge eines höheren Bedarfs an Arbeitskraft und einer daraus resultierenden gesteigerten Nachfrage. Die Zahlen verdeutlichen, dass die Zeitarbeit sich entsprechend der gesamtwirtschaftlichen Entwicklung verhält: Steigt der Bedarf an Arbeitskraft, wird zunehmend auch auf Zeitarbeit zurückgegriffen. In konjunkturell schwierigen Situationen, die sich immer auch auf die Arbeitskraftnachfrage auswirken, leidet die Zeitarbeitsbranche ebenfalls. Hinzukommt, insbesondere externes Personal wird in Krisenzeiten als erstes abgebaut. Zeitarbeit.

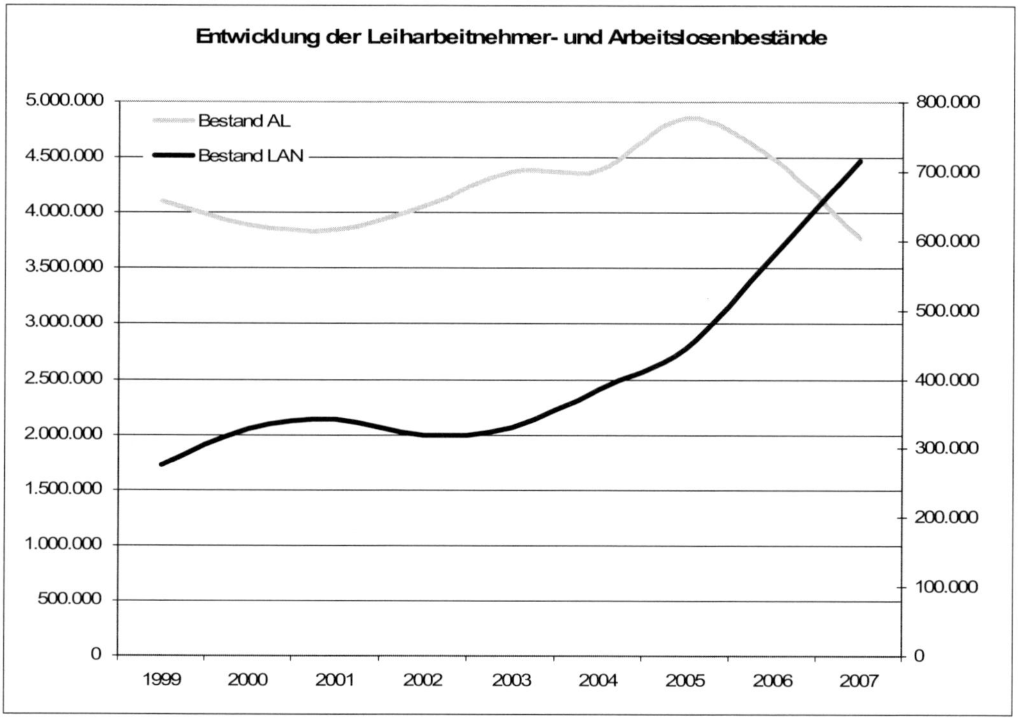

Abb. 3: Entwicklung LAN und Arbeitslosenzahlen

Quelle: Bundesagentur für Arbeit

Zeitarbeit bietet also eine Möglichkeit einen zusätzlichen Bedarf an Arbeitskraft zu realisieren. In wieweit die Nutzung von Zeitarbeit gesamtwirtschaftlich und gesellschaftspolitisch wünschenswert ist, hängt jedoch maßgeblich von der Ausgestaltung dieser ab.

3.3 Struktur der Leiharbeitnehmerzugänge

An Hand der Arbeitnehmerüberlassungsstatistik der Bundesagentur für Arbeit (Tabelle 3) lassen sich zwei grundsätzlich unterschiedliche Zugangsituationen unterscheiden: Der LAN stand unmittelbar vor seinem Eintritt in das Zeitarbeitsunternehmen in einem Beschäftigungsverhältnis oder er war ohne Erwerbstätigkeit. „Unmittelbar davor“ umfasst einen Zeitraum von bis zu einem Monat.

- **Zuvor beschäftigte LAN:**

Bezogen auf den Zeitraum von 1997 – 2007 beträgt der Anteil der zuvor beschäftigten LAN am gesamten LAN – Zugang pro Jahr im Mittel 35 %. Der höchste Anteil an zuvor bereits beschäftigen LAN wurde im Jahr 2001 mit durchschnittlich 39,9 % erreicht. Bereits seit dem 2.Hj. 2001 ging dieser Anteil jedoch deutlich zurück und verharrte zwischen 2004 und 2006 bei rund 31%. Erst 2007 stieg er wieder auf 34,3 % an.

Das zeigt, dass die Mehrheit der LAN aus der Arbeitslosigkeit heraus den Einstieg in die Zeitarbeit wählt. Beachtlich ist, dass trotz der neuen Sonderregelung für zuvor arbeitslose LAN gem. § 3 Nr. 3 AÜG, es seit 2004 nicht zu einem deutlichen Abfall des zuvor beschäftigen LAN-Anteils kommt.

Durchschnittlich rund 30 % der zuvor beschäftigten LAN kommen von anderen Zeitarbeitsunternehmen. Wobei festzustellen ist, dass sich der Anteil zwischen 1999 und Mitte 2004 stets erhöhte, aber bereits seit dem 2. Halbjahr 2004 deutlich abflachte und sich seit dem auf dem Niveau von ca. 30% einzupendeln scheint - dies entspricht im Schnitt jedem 10. LAN der neu eingestellt wird (bezogen also auf den Gesamtzugang an LAN ungeachtet der Art der vorhergehenden Beschäftigung). Zeigte sich bis Mitte 2004 der Trend einer tendenziellen Zunahme von LAN, die bereits vorher als Zeitarbeiter beschäftigt waren, ging dieser seit dem leicht zurück und stagniert nun. Grundsätzlich scheint die Mehrheit der LAN nach Beendigung eines Arbeitsverhältnisses nicht direkt wieder in einen Verleihbetrieb zu wechseln.

- **Zuvor nicht beschäftigte LAN:**

Die Arbeitnehmerüberlassungsstatistik der Bundesagentur für Arbeit unterscheidet zwischen LAN, die zuvor entweder zwischen 1 und 12 Monaten oder mehr als 1 Jahr arbeitslos waren, und zwischen Menschen die bis dahin noch nie einer Erwerbstätigkeit nachgegangen sind.

Der mittlere Anteil dieser Gruppe (insgesamt) am durchschnittlichen Gesamtzugang, bezogen auf den Zeitraum 1997 – 2007, beträgt 65 % wobei die Quote seit 2005 leicht rückläufig ist.

Die aus der Erwerbslosigkeit heraus eingestellten Mitarbeiter sind dabei überwiegend weniger als 12 Monate ohne Beschäftigung gewesen. Im Mittel blieben 68,6 % nur kurzfristig arbeitslos (< 12 Monate) und 17,9 % langfristig (> 12 Monate). Lediglich 13,4 % der eingestellten LAN waren zuvor noch nie beschäftigt.

Beim Anteil der Langzeitarbeitslosen am Gesamtzugang kann tendenziell ein Anstieg seit 2003 festgestellt werden. Der Anteil der zuvor noch nie Beschäftigten variiert hingegen seit 2004 recht konstant um 8 %. Folglich ist der Anteil der kurzfristig Arbeitslosen am Gesamtzugang der LAN seit 2004 tendenziell abnehmend.

Bei der Betrachtung der Jahre 1997 – 2007 weißt die Gegenüberstellung nach Art der vorausgegangenen Beschäftigung also ein Verhältnis von 35:65, zwischen LAN, die aus einer Beschäftigung kommen und denen die unmittelbar vorher nicht erwerbstätig waren, aus.

Deutete sich 2001 noch ein Einstellungstrend in Richtung zuvor nicht beschäftigter Menschen an, so kehrte sich dieser nach 2004 um.

Es scheint, dass einhergehend mit gesamtwirtschaftlich zunehmender Arbeitslosigkeit, wie z.B. zwischen 2001 und 2005, auch zunehmend mehr Menschen aus der Arbeitslosigkeit heraus zur Leiharbeit wechseln. In konjunkturell besseren Zeiten mit abnehmender Arbeitslosigkeit geht dieser Anteil wieder zurück, dafür steigt v. a. der Anteil der langfristig Arbeitslosen als eine der besonderen Problemgruppen des „Arbeitslosenmarktes".

Trotz dieser Schwankungen in Abhängigkeit von der Gesamtkonjunktur, kann seit jeher beobachtet werden, dass sich der Zugang zur Zeitarbeitsbranche massiv aus vorheriger Arbeitslosigkeit ergibt. Erkennbar ist auch, dass lediglich 1/3 der LAN nach Beendigung eines LAV direkt wieder die Beschäftigungsmöglichkeit bei einem Verleihbetrieb suchen bzw. nur jeder 10. LAN unmittelbar zuor bereits als Leiharbeiter beschäftigt war..

3.4 Hohe Fluktuation und kurze Arbeitsverhältnisse

Die Leiharbeitsbranche ist durch eine hohe Personalfluktuation mit großen saisonalen Schwankungen gekennzeichnet. Der Bestand an LAN wächst im Jahresverlauf kontinuierlich und erreicht seinen maximalen Bestand i. d. R. zwischen Juli und Oktober, danach fallen die Beschäftigtenzahlen wieder ab, so dass das Minimum zum Jahresbeginn bzw. zum Jahresende erreicht wird. Das lässt erkennen, dass Zeitarbeiter insbesondere auch zur Abdeckung saisonaler Spitzen, wenn es also einen Mehrbedarf an Arbeitskraft bei den Unternehmen gibt, eingesetzt werden. Anderseits deutet sich seit 2004 an, dass diese Schwankungen in ihrer Intensität geringer ausfallen. Ob dies ein Zeichen für den zunehmenden Einsatz von LAN auf Stammarbeitsplätzen ist, bleibt abzuwarten und lässt sich durch den kurzen Beobachtungszeitraum noch nicht empirisch belegen.

Auch in der Anzahl der Beschäftigungsverhältnisse zeigt sich der „flexible Charakter" der Zeitarbeit. Werden zum Jahresanfangsbestand der überlassenen Arbeitnehmer, die im laufenden Jahr erfolgten Einstellungen hinzugezählt, ergibt sich die Anzahl der Leiharbeitsverhältnisse pro Jahr.

	2003	2004	2005	2006	2007
durchschnittlicher Bestand an LAN	330.219	385.258	443.949	579.771	715.056
Bestand zum 01.01.[24]	282.374	326.151	379.637	458.871	626.015
Zugang im lfd. Jahr	573.729	645.959	738.211	972.398	1.056.340
Summe LAV	**856.103**	**972.110**	**1.117.848**	**1.431.269**	**1.682.355**
Beendete LAV	602.647	647.900	724.456	897.515	1.085.919

Tabelle 4: Bestand, Summe und Anzahl beendeter LAV

Quelle: Bundesagentur für Arbeit, eigene Berechnung

[24] Der Jahresanfangsbestand entspricht dem Bestand zum 31.12. des Vorjahres.

So verbergen sich z. B. hinter dem durchschnittlichen Bestand von 715.056 LAN im Jahr 2007 rund 1,7 Millionen Arbeitsverhältnisse (nicht Verleiheinsätze).

Wird in diese Betrachtung die Anzahl der beendeten Leiharbeitsverhältnisse mit einbezogen, so wird das wahre Ausmaß der Fluktuation deutlich: Die Anzahl der beendeten Arbeitsverhältnisse belief sich 2007 auf 65 % der im gleichen Jahr bestandenen Beschäftigungen, 2003 waren es sogar noch 70 %. Das einzelne Leiharbeitsverhältnis kann demnach nicht von langer Dauer sein und in der Tat ergibt sich für den betrachteten Zeitraum, dass die meisten Leiharbeitsverhältnisse maximal 3 Monate bestehen.

Zwischen 1997 und 2006 bestanden lediglich 35 % - 40 % der LAV 3 Monate oder länger. 2007 waren es erstmals 45%.

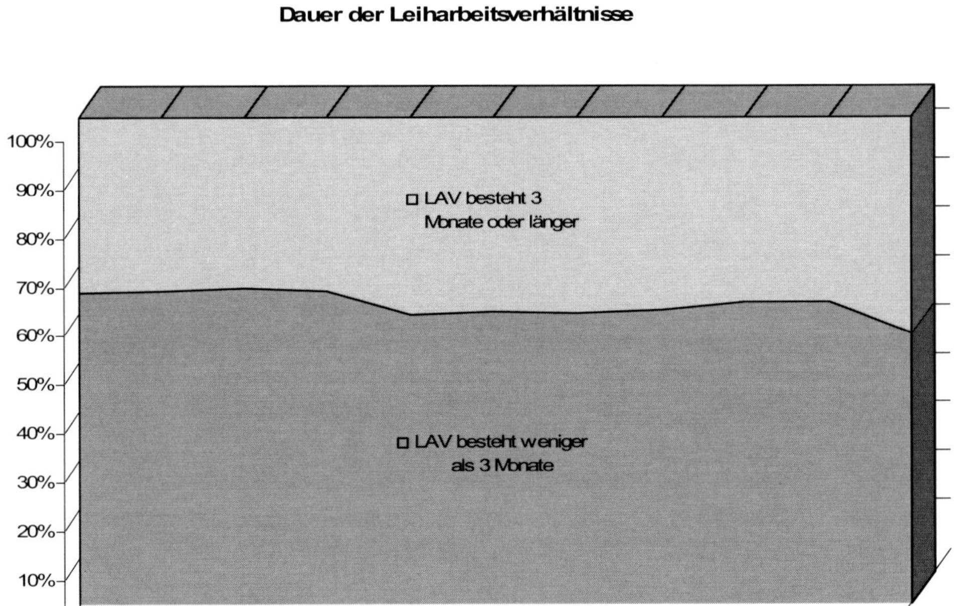

Abb. 4: Dauer der Leiharbeitsverhältnisse

Quelle: Bundesagentur für Arbeit

Wie die Abbildung zeigt gab es Anfang der 2000er eine leichte Tendenz zu länger bestehenden LAV. Nach 2003 hatte sich diese Tendenz wieder leicht umgekehrt, was möglicher Weise auf den Wegfall des Synchronisationsverbotes zurückzuführen ist. Das der Anteil der kurzfristigen LAV 2007 auf 55 % gesunken ist, kann durchaus als ein Zeichen für die Ausbreitung von Leiharbeit im Bereich der regulären, also nicht saison- oder auftragsabhängigen, Beschäftigung sein. Die weitere Entwicklung bleibt hier jedoch abzuwarten.

Bei der Beschäftigungsdauer spielt scheinbar auch die Größe des Entleihunternehmens eine wichtige Rolle. So werden in Untenehmen mit mehr als 250 Beschäftigten, mehr als 50% der Zeitarbeiter 3 Monate oder länger eingesetzt, bei kleineren Unternehmen sind es lediglich 25%[25].

In der Zeitarbeit lässt sich offensichtlich leicht Beschäftigung finden, die offenbar aber ebenso schnell wieder beendet sein kann.

Aus der Statistik der Bundesagentur für Arbeit gehen die Beendigungsgründe nicht hervor. Jedoch hat eine Untersuchung des Statistischen Bundesamtes für 2006 ergeben, dass ca. 31% der Arbeitnehmer nur befristet beschäftigt sind. Das ist mehr als das Doppelte im Vergleich zum Anteil der befristetet Beschäftigten an allen Erwerbstätigen, die Quote beträgt hier 15%. Werden aus diesen 15% die Auszubildenden herausgerechnet (wurden vom statistischen Bundesamt mit eingerechnet), ist die Befristungsquote in der Zeitarbeit etwa dreimal so hoch wie in der Gesamtwirtschaft.[26] Promberger kommt in seiner Studie auf Basis des IAB Betriebspanels 2003 zum Schluss, dass jedes 3.Zeitarbeitsverhältnis arbeitgeberseitig gekündigt wird. In der übrigen Gesamtwirtschaft trifft dies nur auf jedes 7. Arbeitsverhältnis zu. Leiharbeitsverhältnisse unterliegen also einem deutlich höheren Kündigungsrisiko.[27]

3.5 Strukturmerkmale der Leiharbeitnehmer

3.5.1 Geschlecht

In der Zeitarbeit sind überwiegend Männer beschäftigt (2007 ca. 74%), was einerseits die Vermutung nahe legt, dass Leiharbeiter überwiegend in männlich dominierten Berufszweigen eingesetzt werden. Andererseits liegt der Anteil der Teilzeitstellen, der in der Gesamtwirtschaft überwiegend von Frauen besetzt wird, nur bei knapp 17%[28].

3.5.2 Alter

Der Großteil der LAN ist zwischen 30 und 45 Jahre alt (43%). Das entspricht in etwa auch dem Anteil dieser Altersgruppe an allen Erwerbstätigen. Der Anteil der 18 – 30-jährigen

---

[25] Neues Aus Beratung und Forschung, Band 9, 2008; Zeitarbeit: Neue Herausforderung für den Gesundheitsschutz, S.13

[26] Weinkopf, Claudia; Vanselow, Achim: (Fehl-)Entwicklung in der Zeitarbeit? in: WISO Diskurs, 2008, S. 7

[27] Promberger, Markus: Leiharbeit im Betrieb, Juli 2006, S. 167

[28] Weinkopf, Claudia; Vanselow, Achim: (Fehl-)Entwicklung in der Zeitarbeit? in: WISO Diskurs, 2008, S. 7

beträgt ca. 31% und liegt damit ca. 1/3 über dem Anteil an allen Erwerbstätigen. Rund 24 % der LAN sind zwischen 45 und 60 Jahre alt.[29]

3.5.3 Anteile der Berufsgruppen

3.5.3.1 Angaben Statistischen Bundesamt/Mikrozensus 208

Das Statistische Bundesamt hat 2008 erstmals Informationen zur Zeitarbeit aus dem Mikrozensus, die sich auf das Jahr 2006 beziehen, veröffentlicht. Danach arbeiten knapp 50% der Leiharbeiter in männerdominierten Fertigungsberufen (Vergleich: 22% bei allen Erwerbstätigen). In Dienstleistungsberufen arbeiten knapp 45% der Leiharbeiter (alle Erwerbstätige: 67%).

3.5.3.2 Angaben Arbeitnehmerüberlassungsstatistik 2. Hj. 2007

Auch die Auswertung de Statistik der Bundesagentur für Arbeit ergibt für das 2. Halbjahr 2007, dass die Zeitarbeiter vorrangig in Fertigungsberufen tätig sind (ca. 63%) und dabei maßgeblich als „Hilfsarbeiter ohne nähere Tätigkeitsangabe“ (33%) beschäftigt werden oder im Elektro- und Metallbereich (23%) Einsätze finden. 27% der LAN üben Dienstleistungstätigkeiten aus.

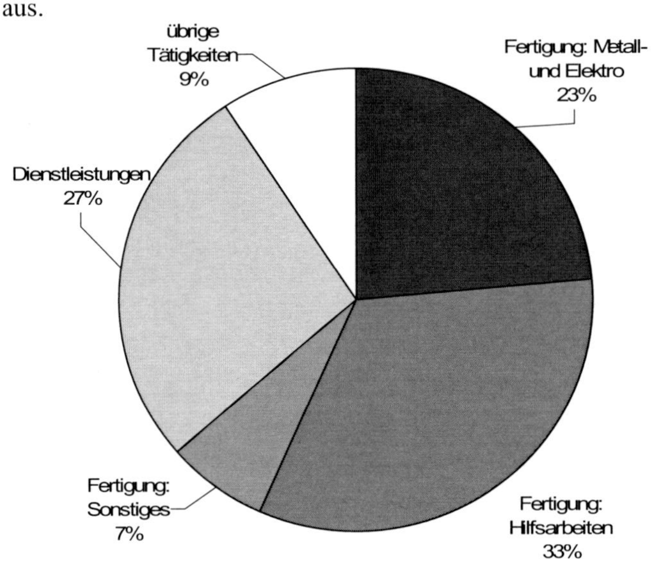

Abb. 5: LAN nach Art der ausgeübten Tätigkeit (2. Hj. 2007)

Quelle: Bundesagentur für Arbeit, eigene Berechnung

---

[29] Vgl. Statistisches Bundesamt, Ergebnisse des Mikrozensus, Destatis vom 18.März 2008

3.5.4 Qualifikation der LAN

Nach Angaben des Statistischen Bundesamtes verfügten unter den LAN 2006 16% über die Fachhochschulreife/Abitur, rund 80% über einen Hauptschulabschluss oder die mittlere Reife und lediglich 3% über gar keinen Schulabschluss.

Die Untersuchung nach Berufsabschlüssen zeigt, dass überwiegend LAN mit einer abgeschlossenen Ausbildung eingesetzte werden (64%), über einen Meister o. ä. verfügen 4% und einen (Fach-)Hochschulabschluss besitzen ca. 6% der LAN. Rund 25 % der LAN verfügen über keinen Berufsabschluss.

Beim Vergleich zu den Erwerbstätigen insgesamt weisen Zeitarbeitnehmer eher niedrigere Qualifikationen auf[30]. Trotzdem ist dieser Anteil überraschend niedrig, wenn man bedenkt, dass rund 33 % der LAN im 2. Hj. 2007 als Hilfsarbeiter tätig waren. „Dies ist ein Hinweis darauf, dass die häufig geäußerte Vermutung, dass Arbeitseinsätze in der Zeitarbeit z. T. unter dem vorhandenen Qualifikationsniveaus der betreffenden Arbeitskräfte erfolgen, zutreffen dürfte."[31]

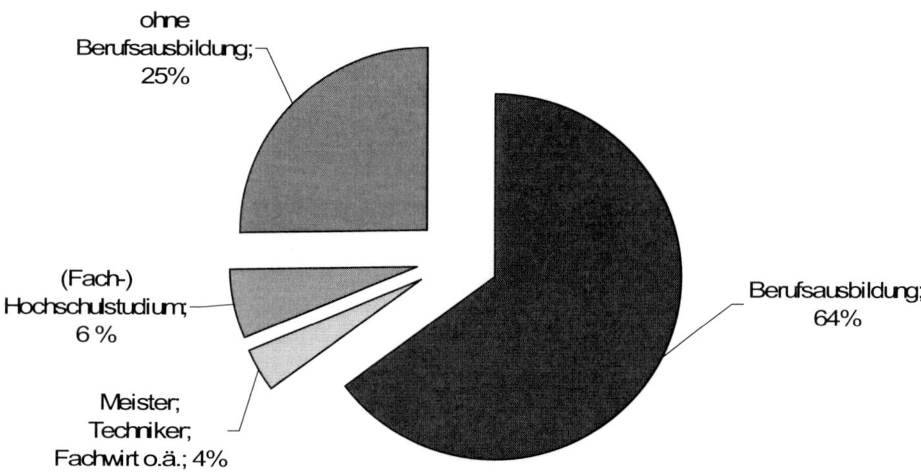

Abb. 6: LAN nach ihrer beruflichen Vorbildung (2006)

Quelle: Statistisches Bundesamt, Ergebnisse des Mikrozensus, Destatis vom 18.März 2008

[30] Statistisches Bundesamt, Ergebnisse des Mikrozensus, Destatis vom 18.März 2008

[31] Weinkopf, Claudia; Vanselow, Achim: (Fehl-)Entwicklung in der Zeitarbeit? in: WISO Diskurs, 2008, S. 7

3.6 Die Entleihbetriebe

Über Strukturmerkmale der Entleihbetriebe ist recht wenig bekannt. Im Folgenden wird daher maßgeblich auf die Studie von Bellmann 2008 Bezug genommen sowie auf den IAB Betriebspanel 2006.

3.6.1 Anteil Entleihbetriebe und Betriebsgröße

Eine Auswertung des IAB Betriebspanels 2006 ergibt, dass rund 1/3 der Betriebe mit 50-250 Beschäftigten Zeitarbeiter einsetzen. Bei Betrieben mit mehr als 250 Beschäftigten sind es sogar rund 45%. Der Anteil der Betriebe dieser Größe ist im Vergleich zum Vorjahr damit um ca. 8 Prozentpunkte gestiegen, was für eine Ausbreitung von Leiharbeit in größeren Unternehmen spricht. Die Auswertungen des IAB Betriebspanels 2006 ergeben, dass sogar 60% der Betriebe mit mindestens 5000 Mitarbeitern auf Zeitarbeit zurückgreifen.

Betrachtet man den Zeitverlauf, zeigt sich, dass bei den verschiedenen Betriebsgrößenklassen unterhalb von 250 Mitarbeitern der Anteil sehr schwankt, teilweise sogar rückläufig ist. Zeitarbeit wird hier offenbar kaum strategisch zum Ersatz von Stammpersonal genutzt sondern vielmehr um Auftragsspitzen abzufangen. Dementsprechend schwanken die Zahlen mit der konjunkturellen Situation. Erst ab einer Beschäftigtenzahl von mindesten 250 blieb der Anteil der Betriebe, der auch auf Zeitarbeit zurückgreift, bis 2005 recht konstant und ist erst in 2006 stark angestiegen. Offenbar, wird hier zunehmend und v. a. kontinuierlich auf Zeitarbeit zugegriffen.

Gleichwohl ist der Anteil der Entleihbetriebe an allen Betrieben der Gesamtwirtschaft noch relativ gering und Betrug 2006 2,8% (IAB Betriebspanel 2006).

3.6.2 Nutzung und Nutzungsintensität

Die Nutzung von Zeitarbeit als ein Mittel zur Auftragsbewältigung steigt mit zunehmender Mitarbeiterzahl im Entleihbetrieb. D.h. umso mehr Mitarbeiter ein Betrieb beschäftigt, umso mehr Zeitarbeiter leiht er sich auch. So betrug der Anteil LAN an den Gesamtbeschäftigten 2006 bei Betrieben mit mehr als 100 Mitarbeitern über 2% und bei allen übrigen Betrieben maximal 1,3% (IAB Betriebspanel 2006).

Insgesamt kommen Bellmann und Kühl in ihrer 2007 veröffentlichen Studie „Weitere Expansion der Zeitarbeit" zu dem Schluss, „dass wesentliche Anteile des Beschäftigungszuwachses in der Leiharbeit durch eine gesteigerte Nachfrage der starken Nutzer induziert ist. Nicht in der Fläche der Betriebslandschaft wurde verstärkt Leiharbeit nachgefragt, sondern die Betriebe, die hohe Anteile an Leiharbeitskräften auf sich vereinen, lösen die dynamische Entwicklung aus, indem sie ihre Entleihaktivitäten weiter ausweiten.[32]"

[32] Bellmann, Lutz; Kühl, Alexander: Weitere Expansion der Zeitarbeit, Dezember 2007, S.16

Unter den Betrieben die Leiharbeit nutzen, wird Zeitarbeit jedoch überwiegend in geringem Umfang eingesetzt und kaum stark genutzt. So ergibt die Sonderauswertung des IAB Betriebspanels 2006 folgende Aufteilung:

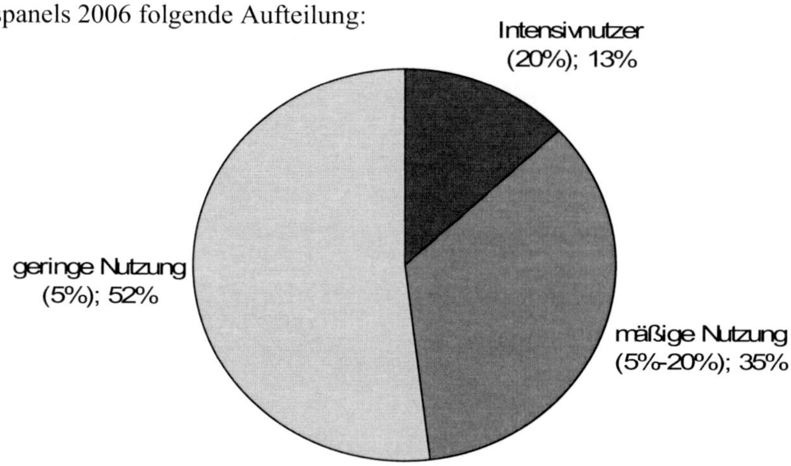

Abb. 7: Einsatzintensität innerhalb der Nutzerbetriebe von Leiharbeit

Quelle: IAB Betriebspanel 2006, eigene Berechnung

Der in Klammern angegebene Prozentsatz ist der Anteil der Zeitarbeiter an den Beschäftigten des jeweils Zeitarbeit nutzenden Unternehmens. In mehr als 10% der Entleihbetriebe ist demnach jeder 5. „Beschäftigte" ein Zeitarbeiter.

3.6.3 Branchen

„Mit seit 1998 steigender Tendenz war jeweils über die Hälfte aller überlassenen Arbeitnehmer an Betriebe des verarbeitenden Gewerbes verliehen".[33] Wobei bis 2003 nur ein leichter Anstieg zu verzeichnen war, es seit 2004 jedoch starke Zuwächse bis auf 61,2% im Jahre 2006 gibt. Die Reform des AÜG zeigt hier also bei bis dahin verhaltener Konjunktur deutlich ihre Wirkung. Die Ausführungen in Kapitel 3.5.3 bestätigen dies auf Basis der ausgeübten Tätigkeiten: Im 2. Hj. 2007 waren danach rund 2/3 der LAN im Fertigungsbereich beschäftigt. Fast jeder 4. LAN wurde im Metall- und Elektrobereich eingesetzt.

3.6.4 Kostenvorteile und Gründung von eigenen Verleiheinheiten

Bellmann/Kühl vergleichen in ihrer Studie die durchschnittlichen Lohnkosten/Monat in Nutzerbetrieben und Betrieben, die keine Zeitarbeiter einsetzen. Im Ergebnis liegen in den Nutzerbetrieben deutlich höhere Lohnkosten vor als bei Nichtnutzern. Im verarbeitenden Gewerbe z.B. standen 2006 3.102 € gegenüber 2.243 € bei den Betrieben ohne Zeitarbeit. Dazu passt die Befragung von Untenehmen nach ihren wichtigsten Personalproblemen: 41% der

[33] Bellmann, Lutz; Kühl, Alexander: Weitere Expansion der Zeitarbeit, Dezember 2007, S.13

Nutzerbetriebe gaben die Lohnkosten als Problem an, hingegen waren es bei den Nichtnutzern lediglich 23%. Die Lohnkosten scheinen also durchaus ein Anreiz für Unternehmen zum Einsatz von Zeitarbeit zu sein.

Auf diesen Kostenvorteilen aufsetzend, überrascht es nicht, dass zunehmend Entleihbetriebe selbst eigene Verleiheinheiten gründen. So wird zusätzlicher Personalbedarf tlw. vollständig durch Neueinstellungen ins eigene Verleihunternehmen abgedeckt, welches i. d. R. deutlich geringer Tariflöhne zahlt. Teilweise sind sogar Fälle bekannt, in denen einst interne Mitarbeiter in neu gegründete Verleiheinheiten ausgelagert und dort zu schlechteren Bedingungen weiter beschäftigt werden. Ermöglicht wurde dies in der Tat maßgeblich durch den Wegfall der Höchstüberlassungsdauer 2004. Empirisch ist diese Entwicklung kaum bezifferbar, aber die Praxis hält doch einige prominente Beispiele bereit. Auch die Politik ist sich dieser (Fehl-)Entwicklung seit der AÜG-Reform inzwischen bewusst. Auf eine Anfrage des Bündnis 90/ die Grünen (2006) zur Wirkung der unbegrenzten Verleihdauer, bezog die Bundesregierung in ihrer Antwort die Erfahrungen und Einschätzungen der Bundesagentur für Arbeit mit ein.[34] Danach geht die BA davon aus, dass tendenziell nicht nur zunehmend Stammarbeitsplätze direkt durch Zeitarbeiter ersetzt werden, sondern auch indirekt, in dem Teilbereiche gänzlich ausgegründet werden. Hier wird nicht nur der Flughafen- und Automobilbereich genannt sondern auch die Servicebereiche wie Nahrungsmittelindustrie, Krankenhäuser und Banken. Genannte Tendenzen sind aber auch im öffentlich-rechtlichen Sektor zu finden. Insbesondere bei Kommunen werden häufig ganze Aufgabenbereiche in eine GmbH oder GbR ausgelagert. Die Erbringung der notwendigen Dienstleistungen für die Kommunen erfolgt dann entweder auf Basis von Werkverträgen oder der Arbeitnehmerüberlassung.

Über das Verhältnis von Personalkosten für internes Personal und Entleihgebühren wird in Kapitel 5 noch näher eingegangen.

3.6.5 Zeitarbeit als Flexibilisierungsintsrument

Aus den obigen Ausführungen ergibt sich bereits, dass Zeitarbeit v. a. in kleineren Betrieben eher zur Deckung von Auftragsspitzen eingesetzt wird. Umso größer das Untenehmen umso stärker wird Zeitarbeit strategisch und langfristig eingesetzt und auch am intensivsten.

In einer IAB/Ifo – Erhebung zum betrieblichen Personalbedarf zeigte sich, dass Unternehmen grundsätzlich zunächst den internen Lösungen den Vorzug geben. Bei den externen Reaktionsmöglichkeiten wurden befristete Einstellungen und zusätzliche Aushilfskräfte eher gewählt als Zeitarbeit[35].

[34] BT-Drucks. 16/1926, S.2 ff.

[35] Rudolph, Helmut/ Schroeder, Ester: Arbeitnehmerüberlassung: Trends und Einsatzlogik, in: Mitteilungen aus der Arbeitsmarkt- und Berufsforschung, 1997, S. 100ff

Rudolph griff diese Untersuchung auf und führte einen weiteren Vergleich der Personalanpassungsinstrumente durch. Dabei ergab sich: Die verschiedenen Reaktionsmöglichkeiten auf veränderten Personalbedarf, verlaufen in ihrer Entwicklung untereinander komplementär und im Vergleich zur gesamtwirtschaftlichen Entwicklung prozyklisch. Für die Leiharbeit wurde letzteres bereits oben festgestellt. In Verbindung mit den IAB/Ifa – Ergebnissen lässt sich daraus ableiten:

Mit zunehmender Konjunktur geht eine Zunahme an Arbeitsnachfrage einher. Diesen befriedigen die Unternehmen zunächst durch das Ausschöpfen interner Möglichkeiten und zwar maßgeblich durch Überstunden. Erst wenn die internen Maßnahmen ausgeschöpft sind, werden externe ergänzend hinzugezogen. In Phasen des konjunkturellen Abschwungs, wird dementsprechend zunächst die Randbelegschaft abgebaut und dann die Stammbelegschaft. Damit bestätigt sich abermals die „Pufferfunktion“ von Leiharbeit und in Verbindung mit der Reihenfolge der gewählten Personalanpassungsform ergibt sich, dass Leiharbeit offenbar gerade der Realisierung sehr kurzfristiger Personalanpassungen gerecht wird.

3.7 Zusammenfassung und Fazit

Seit jeher ist der überwiegende Teil der LAN arbeitslos, bevor er eine Beschäftigung als Zeitarbeiter aufnimmt, einer separaten Förderung, z. B. durch eine Absenkung des Einstiegsgehaltes von zuvor Arbeitslosen, wie es seit der AÜG-Reform 2003/4 möglich ist, ist demnach unnötig. Lediglich jeder Zehnte Zeitarbeiter, wechselt nach Beendigung eines Zeitarbeitsverhältnisses wieder unmittelbar zu einem anderen Verleiher. Offenbar scheinen die Arbeitsbedingungen in der Zeitarbeitsbranche nicht dafür zu Sorgen, dass die Zeitarbeiter selbst ein dauerhaftes Interesse an der Branche haben. Andererseits, scheinen v. a. Arbeitslose schlechtere Arbeitsbedingungen zu akzeptieren um ihre Arbeitslosigkeit zu beenden.

In Phasen des konjunkturellen Aufschwungs werden zunehmend auch Leiharbeiter eingesetzt. In gesamtwirtschaftlich schwierigen Phasen, in denen die Arbeitskraftnachfrage zurückgeht, geht auch die Anzahl der Zeitarbeitsplätze zurück. Zeitarbeit an sich schafft also keine zusätzlichen Arbeitsplätze, sondern bietet lediglich eine Möglichkeit einen zusätzlichen Bedarf an Arbeitskraft zudecken.

LAV sind nach wie vor nicht von langer Dauer und bestehen in der Regel durchschnittlich kürzer als 3 Monate. Dementsprechend ist der Zeitarbeitsmarkt von einem hohen Personalumschlag geprägt bzw. von einer relativ hohen Anzahl neu begründeter und wieder beendeter Arbeitsverhältnissen pro Jahr. Generell sind Zeitarbeiter einem deutlich höheren Beschäftigungsrisiko ausgesetzt als vergleichbare interne Beschäftigte. Auch die starken saisonalen Schwankungen spiegeln die enormen „Bewegungen“ auf dem Zeitarbeitsmarkt wieder.

Dies spricht einerseits dafür, dass Zeitarbeiter zur Abdeckung von Auftragsspitzen genutzt werden. Aus diesem hohen Grad an „Flexibilität“ des Zeitarbeitsmarktes lässt sich jedoch nicht schlussfolgern, dass Zeitarbeitsplätze nicht zunehmend auch dauerhaft in Unternehmen eingerichtet werden.

Vieles spricht sogar dafür, dass Leiharbeit seit der letzten AÜG-Reform zunehmend dauerhaft in Unternehmen genutzt wird, selbst wenn Zeitarbeitsplätze häufig mit wechselnden Personen besetzt werden:

- Der Anteil der Beschäftigungsverhältnissen, die länger als 3 Monate bestehen, ist 2007 deutlich angestiegen und betrug erstmals 45%
- Die Intensität der saisonalen Schwankungen nimmt deutlich ab.
- Die Auswertung des IAB-Betriebspanels 2006 ergab, v. a. größere Untenehmen nutzen Leiharbeit konstanter, intensiver und zunehmender, setzen Zeitarbeit also strategisch ein
- Die Beschäftigungszuwächse von Leiharbeit sind v. a. auf eine gesteigerte Nachfrage der Intensivnutzer zurückzuführen und nicht durch eine Ausdehnung der Nachfrage in der Breite
- Unternehmen gründen eigene Verleiheinheiten und kündigen internes Personal, um dieses dann als Leiharbeitskräfte über die gegründeten Einheiten wieder an ihrer alten Wirkungsstätte einzusetzen.
- Der Hauptanteil der Leiharbeitnehmer wird im Helferbereich in der Fertigungsindustrie eingesetzt. Hier sind die Lohnkostenunterschiede hoch und ein häufiger Personalwechsel fällt aufgrund der Helfertätigkeiten geringer ins Gewicht.
- Der Anteil der Zeitarbeitstätigkeiten im Dienstleistungsbereich ist seit 2003 (13%) stark gestiegen (2007: 27%), obwohl die Lohnkostenunterschiede hier deutlich geringer ausfallen als im Fertigungsbereich. Die AÜG-Reform mit dem Wegfall verschiedener Beschränkung, scheint hier deutlich zu wirken.

All die genannten Punkte weißen darauf hin, dass sich der Zeitarbeit immer noch zur Abdeckung saisonaler Spitzen bedient wird, zunehmend aber eben auch strategisch bzw. dauerhaft. Dabei werden entweder einst vorhandene Stammarbeitsplätze ersetzt oder auch ein langfristig zusätzlicher Bedarf an Arbeitskraft mit Leiharbeitern abgedeckt. Diese Entwicklung wurde insbesondere durch den Wegfall der Einsatzzeitbeschränkung im AÜG unterstützt. Ungeachtet der Einsatzgründe bzw. der kurz- oder langfristigen Ausrichtung von Leiharbeitsplätzen, sollten die Arbeitsbedingung eines LAN nicht schlechter sein als die eines „Normalbeschäftigten". Insbesondere dürfen die individuellen Arbeitsbedingungen nicht noch einen zusätzlichen Anreiz für den Ersatz von Normalarbeit bieten. Im folgenden Kapitel soll daher die Arbeitssituation eines Zeitarbeiters beschrieben werden.

4 Die Arbeitsbedingungen von Zeitarbeitern als Ansatzpunkte der sozialverträglichen Gestaltung

Die Aufforderung zur sozialverträglichen Gestaltung der Arbeitnehmerüberlassung, wie sie bereits 1967 vom Bundesverfassungsgericht an den Gesetzgeber gerichtet wurde, impliziert bereits die besondere, a-typische Situation für LAN. Die bisherigen Ausführungen haben sich v. a. mit dem Zeitarbeitsmarkt insgesamt sowie mit den Ver- und Entleihbetrieben als Akteure dieses Marktes beschäftigt. Es wurde bereits deutlich, dass die aktuellen Entwicklungstendenzen der Leiharbeit diverse Risiken beinhalten: Ein nachhaltiges gesamtwirtschaftliches Risiko liegt bereits in der Ausbreitung des Niedriglohnsektors, die sich nachhaltig auf die Kaufkraft auswirken wird, insbesondere wenn einst reguläre Beschäftigung durch LAN ersetzt wird. Intensiv nutzende Entleihbetriebe laufen Gefahr die eigne Personalentwicklung zu vernachlässigen, wenn zunehmend auf externes, noch dazu i. d. R. niedrig qualifiziertes Personal zugegriffen wird. Auch das Konfliktpotenzial mit der eigenen Belegschaft, deren soziale Standards zunehmend unter Druck geraten, darf nicht unterschätz werden. Beide Aspekte werden sich auf die Leistungsfähigkeit eines Unternehmens und damit auf seine Möglichkeiten neben der notwendigen Flexibilität auf die globalen wirtschaftlichen Anforderungen zu reagieren, sondern auch mit der adäquaten Qualität.

Im Folgenden soll nun die individuelle Situation des LAN betrachtet werden. Deren Arbeitsbedingungen sind nicht vergleichbar mit den (sozialen) Standards eines Normalarbeitsverhältnisses. Leiharbeitnehmer erfahren grundlegende Benachteiligungen.

Zu den jeweiligen Problembereichen sollen auch Lösungsalternativen aufgezeigt werden. Dabei wird nicht verkannt, dass deren Durchsetzbarkeit tlw. auf dem Willen der am Leiharbeitverhältnis beteiligten Personengruppen beruht. Jedoch ist dies gleichsam Maßstab und Basis unseres gesamten gesellschaftlichen Zusammenlebens. Es wird auch nicht verkannt, dass eine völlige Angleichung an normale Standards nicht möglich ist, denn Leiharbeit unterscheidet sich durch zentrale Merkmale, wie das Dreipersonenverhältnis, stets von einer regulären Beschäftigung. Sozialverträgliche Leiharbeit ist jedoch in der Lage „Zeitarbeitsprobleme" zumindest abzumildern.

Außerhalb jeglicher Realität ist ein gänzliches Verbot von Leiharbeit, wie es noch bis Anfang der 90er Jahre von den Gewerkschaftsvertretern gefordert wurde[36], es ist eher mit einer noch weiter reichenden Liberalisierung des gesamten Arbeitsrechts zurechnen. So ist es letztlich wenig realistisch für ein solches Verbot Einzustehen, sondern vielmehr notwendig, nach durchsetzbaren Möglichkeiten zu suchen, die Leiharbeit zu einem akzeptablen Arbeitsverhältnis ausgestalten.

In einigen Nachteilen einer Leiharbeitsbeschäftigung, liegen spiegelbildlich die Vorteile der daran beteiligten Unternehmen, d. h. des Entleihers und des Verleihers. So ist es kaum

---

[36] DGB - Ratgeber Zeitarbeit, Berlin 2003, S.7

verwunderlich, dass beide Gruppen ein gewisses Interesse an der Aufrechterhaltung dieser „Nachteile“ haben.

4.1 Arbeits- und Gesundheitsschutz

4.1.1 Besondere Risiken für Leiharbeitnehmer

Die für die Zeitarbeitsbranche zuständige Berufsgenossenschaft ist die VBG (Verwaltungsberufsgenossenschaft). Nach Angaben der Verwaltungsberufsgenossenschaft (VBG) lag die Unfallhäufigkeit bei Leiharbeitnehmern 1998 deutlich über dem Durchschnitt aller Wirtschaftszweige und ist nahezu doppelt so groß wie in vergleichbaren Branchen.

Eine Einschätzung über die Gefährdungssituation lässt sich auch an Hand der Geldleistungen, die aufgrund von Unfällen von der VBG entrichtet wurden sind, getroffen werden.

Die VBG unterscheidet bezüglich Zeitarbeit zwischen zwei Gefahrtarifstellen und ordnet diesen sehr von einander abweichende Gefahrenklassen zu[37].

- Beschäftigte im Dienstleistungsbereich (einschließlich Büro, Verwaltung etc.) und des Stammpersonals (von Zeitarbeitsunternehmen) - Gefahrenklasse 31.1
- Beschäftigte in allen anderen Bereichen – Gefahrenklasse 31.2

Für diese beiden Klassen wurden zwischen 1997 und 1999 154 Millionen DM an Entschädigung geleistet. Der Gesamtentschädigungsbetrag belief sich auf 696 Millionen DM. 22 % der Leistungen richteten sich demnach an Zeitarbeiter.
Folglich wurde 1998 auch das Gefährdungspotential in der Unfallversicherung heraufgesetzt und der Gefahrentarif für Zeitarbeit erhöht. Gesamtwirtschaftlich nahm die Anzahl der Arbeitsunfälle in den vergangen Jahren kontinuierlich ab, was sich auch in der Zeitarbeit widerspiegelt. Dementsprechend senkte die VBG 2007 den Gefahrtarif für die 31.2 Gefahrenklasse von 10,66 auf 8,54.

Der Bericht zur „Sicherheit und Gesundheit bei der Arbeit 2006“ vom Bundesministerium für Arbeit und Soziales, zeigt einerseits, dass die Arbeitsunfälle in der Zeitarbeitsbranche 2006 deutlich über dem Niveau der Arbeitsunfälle bei allen Versicherten lag und dokumentiert andererseits ein erneutes Ansteigen der Arbeitsunfälle in der Zeitarbeit im Vergleich zu 2005.

In einer nicht repräsentativen Untersuchung der VBG von „Leiharbeits-Unfällen“ zeigten sich folgende Faktoren als „Auslöser“[38]:

---

[37] Gefahrklassen werden gem. § 157 III SGB VII *"aus dem Verhältnis der gezahlten Leistungen zu den Arbeitsentgelten berechnet"*; umso höher die Gefahrenklasse umso mehr Leistungen wurden gezahlt und umso höher war dementsprechend das Unfallaufkommen.

[38] Weinkopft, Claudia; Vanselow, Achim: Wiedereingliederung von Arbeitslosen durch sozialverträgliche Arbeitnehmerüberlassung, Düsseldorf 2000; S. 20

- Mangelnde Eignung des externen Mitarbeiters
- Ungenügende Arbeitsplatzbeschreibung
- Unzureichende Eingliederung und Integration des Leiharbeiters in den Entleihbetrieb
- Ungenaue sicherheitstechnische Festlegung in den Arbeitnehmerüberlassungsverträgen

Einer der Hauptursachen für diese Faktoren kann sicherlich in der Kurzfristigkeit, die der Leiharbeit wesenseigen ist, gesehen werden. Diese wirkt sich in zweifacher Hinsicht aus:

Einerseits ist das Leiharbeitsverhältnis bisher überwiegend durch kurze Einsätze in verschiedenen Entleihbetrieben geprägt. Die Absicht der Unternehmen ist offensichtlich nicht Stellen zu besetzen, die einer intensiveren Einarbeitung des Mitarbeiters bedürfen, sondern besteht vielmehr darin, den LAN möglichst schnell produktiv einzusetzen. Dies belegen sowohl die kurze Beschäftigungsdauer und die starken zyklischen Schwankungen sowie der überwiegende Anteil an Hilfstätigkeiten, die durch Leiharbeitnehmer ausgeführt werden. Damit kann jedoch, wie die VGB – Untersuchung und die Unfallzahlen zeigen, kaum Zeit für eine Einarbeitung zur Verfügung stehen.

Hinzu kommt, dass ein Arbeitnehmer im Laufe der Zeit, eine besondere Aufmerksamkeit für mögliche Gefahren an seinem Arbeitsplatz entwickelt. Ein Leiharbeitnehmer hat diese Zeit jedoch nicht, sondern muss sich möglichst schnell produktiv einbringen und wechselt meist nach kurzer Dauer an einen anderen Einsatzort.[39] Mit dem Faktor der unzureichenden Eingliederung und Integration in einen Betrieb verbindet sich noch ein weiteres Problem. Entsprechend dem Wissen, dass der Leiharbeitnehmer nur für eine beschränkte Zeit da ist, geben interne Beschäftigte oft auch nur in beschränktem Umfang Informationen und Kenntnisse weiter. Dadurch kann sich der Betroffene jedoch kein ganzheitliches Bild von seiner Arbeitsumgebung machen, wodurch potentielle Gefahrenquellen, die nicht im direkten Zusammenhang mit seiner Tätigkeit stehen, von ihm nicht erkannt werden können.

Andererseits dient Zeitarbeit insbesondere auch zum sehr zeitnahen Ausgleich eines Arbeitskräftemangels (beide Seiten der Kurzfristigkeiten können natürlich auch zusammenfallen). So ist es keine Seltenheit, dass ein (potentieller) Kundenbetrieb einen Zeitarbeitnehmer binnen weniger Stunden benötigt. Die meisten gewerblichen Zeitarbeitsunternehmen werden diesem „Wunsch“ nachkommen, schließlich besteht genau darin ihr Unternehmenszweck. Es wird aber umso schwieriger für den Verleiher einen geeigneten Arbeitnehmer auszuwählen, umso kürzer die Zeitspanne zwischen Kundenauftrag und Erfüllungszeit ist. Ebenso verbleibt dem Entleihbetrieb nur wenig Zeit für eine sicherheitstechnische Unterweisung am tatsächlichen Arbeitsplatz, wenn er einen möglichst zeitnahen Produktiveinsatz des Leiharbeitnehmers realisieren möchte.

[39] 9. AÜG-Erfahrungsbericht der Bundesregierung, BT-Drucks. 14/ 4220, S.18

In diesem Kontext ist das Ergebnis einer Umfrage der Universität Erlangen[40] nicht verwunderlich, dass sich rund 65% der LAN von ihrem Zeitarbeitsunternehmen nur mittelmäßig bis schlecht auf den Einsatz vorbereitet fühlen. Wobei die mangelnde Vorbereitung sicherlich nicht allein auf die Kurzfristigkeiten zurückzuführen ist, sondern auch auf die unzureichende Ausübung der Fürsorgepflicht des Verleihers in seiner Funktion als Arbeitgeber. Denn sehr kurzfristige Einsätze machen keine 65% an den Verleiheinsätzen insgesamt ausmachen.

Als weiterer Faktor für erhöhte Unfallzahlen werden von der VBG ungenaue sicherheitstechnische Festlegungen in den Überlassungsverträgen angegeben. Eigentliche Ursache dieses Problems ist letztlich die Besonderheit des Auseinanderfallens von Anstellungs- und Beschäftigungsverhältnis bei der Leiharbeit bzw. der Existenz eines rechtlichen und faktischen Arbeitgebers. Beide sind gesetzlich verpflichtet den Vorgaben des Arbeitsschutzes Rechnung zutragen, vertraglich mangelt es jedoch häufig an Absprachen inwieweit diese Verpflichtungen untereinander aufgeteilt werden können damit beide ihrer Fürsorgepflicht nachkommen.

Nach Ulber wird im Bereich des Arbeitsschutzes insbesondere auch gegen die Bestimmungen des Arbeitszeitrechts verstoßen und zwar maßgeblich gegen die täglichen und wöchentlichen Höchstarbeitszeiten gem. § 3 ArbZG sowie die Ruhezeiten gem. § 5 ArbZG. Ulber sieht die Ursache hierfür einerseits darin, dass der Entleiher schließlich gerade deswegen auf Leiharbeit zurückgreift, weil ein erhöhter Arbeitsanfall vorliegt, der eine verlängerte Tages- oder Wochenarbeitszeit erfordert. „Daneben sollen jedoch bei der Stammbelegschaft unbeliebte Arbeitszeiten (wie z. B. Sonn- oder Feiertagsarbeit), zur Vermeidung von Konflikten beim Entleiher, mittels Einsatz von Leiharbeitnehmern ausgeglichen werden.“[41]

Einschränkend muss allerdings gesagt werden, dass auch gesamtwirtschaftlich betrachtet die meisten arbeitsschutzrechtlichen Verstöße sich gegen das Arbeitszeitgesetz richten. Es handelt sich also nicht nur um ein brancheninternes Problem.

Neben den kurzen, wechselnden Einsätzen in Betrieben und der arbeitszeitrechtlichen Problematik wird als weiterer Grund für die erhöhten Unfallzahlen immer wieder die Tätigkeit des LAN an sich genannt. Viele Veröffentlichungen sprechen davon, dass Leiharbeitern häufig „schlechtere“ und gefährlichere Arbeiten zugewiesen werden, die der eigenen Kernbelegschaft nicht zugemutet werden soll[42].

Auch eine EU - weite Untersuchung der gesundheitlichen Belastung von Leiharbeitnehmern, durch die Europäische Stiftung zur Verbesserung der Lebens- und Arbeitsbedingun-

---

[40] Prof. Dr. Moser: Zwischenbericht Psychologischer Aspekte der Zeitarbeit, Universität Erlangen – Nürnberg, Lehrstuhl für Wirtschafts- und Sozialpsychologie,

[41] Jürgen Ulber: Arbeitnehmer in Zeitarbeitsfirmen, 2. Aufl., Bund-Verlag, Frankfurt 2004, S.60

[42] Jürgen Ulber (2004); Weinkopf/Vanselow (2000); Herzberg (2003)

gen, kam zu dem Schluss, dass es einen direkten Zusammenhang zwischen Leiharbeit und schlechten Arbeitsbedingungen gibt. LAN sind danach stärker körperlichen Risiken exponiert und müssen mit einer größeren Arbeitsintensität sowie schnellerem Arbeitstakt fertig werden[43].

4.1.2 Tarifvertragliche Regelungen

Die bestehenden Flächentarifverträge enthalten keine Regelungen zum Gesundheitsschutz von LAN. Dies entspricht zwar der üblichen Gestaltung von Tarifverträgen, aus Sicht des LAN und unter Berücksichtigung seiner besonderen Gefährdung, wären solche jedoch sehr wünschenswert gewesen.

4.1.3 Möglichkeiten zur Risikominimierung

4.1.3.1 Einhaltung der Gesetze

So profan dieser Ansatz auch klingen mag, er würde zu einer entscheidenden Verbesserung der Gefährdungssituation von LAN führen. Die Fürsorgepflicht gem. § 618 BGB trifft zunächst den Verleiher, da dieser der rechtliche Arbeitgeber ist. Aufgrund der Besonderheit, dass in der Zeitarbeit Anstellungs- und Beschäftigungsverhältnis auseinander fallen, stellte § 11 VI S. 1 AÜG klar, dass der Entleiher ebenfalls zur Fürsorge verpflichtet ist. Dieser muss unbeschadet der Pflichten des Verleihers die Einhaltung der für den Entleihbetrieb geltenden öffentlich-rechtlichen Vorschriften des Arbeitsschutzrechts auch für den LAN gewährleisten. Insbesondere hat er dabei den LAN über Gefahren für Sicherheit und Gesundheit, die sich aus seiner Arbeitstätigkeit ergeben können, zu informieren und zwar bereits vor der Aufnahme seiner Arbeit bzw. bei Veränderungen in seinem Arbeitsbereich. Der Entleiher muss den LAN in Maßnahmen und Einrichtungen zur Abwendung dieser Gefahren unterweisen (§ 11 VI, S.2 AÜG). Darüber hinaus besteht eine Hinweispflicht des Entleihers auf die Notwendigkeit einer besonderen Qualifikation oder beruflicher Fähigkeiten oder einer besonderen ärztlichen Überwachung und über erhöhte besondere Gefahren am Arbeitsplatz (§ 11 VI, S.3 AÜG).

4.1.3.2 Maßahmen des Verleihers

Entsprechend den Ausführungen zu den Risikofaktoren kann der Verleiher durch recht einfache Mittel, die Gefahr für den LAN reduzieren:

- Präzise sicherheitstechnische Vereinbarungen mit dem Entleihbetrieb
    - Hier muss z. B. geklärt werden, wer eine evt. notwendige Schutzbekleidung für den LAN stellt.
- Auswahl eines geeigneten Mitarbeiters

---

[43] DGB-Informationen zur Sozial- und Arbeitsmarktpolitik, Berlin, 6 /2001, S.13

    - Dies setzt voraus, dass dem Personaldisponenten die Bedingungen und Anforderungen am potentiellen Arbeitsplatz sehr genau bekannt sind. Notwendig ist dafür einerseits eine gute Arbeitsplatzbeschreibung durch den Kunden. Um diese zu optimieren kann ein vom Zeitarbeitsunternehmen erstellter Vordruck, der die wesentlichsten Punkte zum Einsatzort abfragt und genügend Raum für die Besonderheiten des jeweiligen Arbeitsplatzes lässt, sehr hilfreich sein. Darüber hinaus wird eine Begehung des Arbeitsplatzes durch den Personaldisponenten bzw. gemeinsam mit dem Arbeitssicherheitsbeauftragten für sehr notwendig erachtet.
- Begehung des Arbeitsplatzes durch die Fachkraft für Arbeitssicherheit / Sicherheitsingenieur des Zeitarbeitsunternehmen und eingehende Betreuung der Leiharbeiters
    - Befindet sich der Arbeitnehmer im Einsatz, so verbleiben dem rechtlichen Arbeitgeber immer noch Möglichkeiten, um den Schutz des LAN sicherzustellen. So z. B. durch gemeinsame Begehungen von kundenbetriebsinternen Verantwortlichen und der eigenen Fachkraft für Arbeitssicherheit bzw. des Arbeitsschutzbeauftragten. Letztere sind v. a. Spezialisten in der Gefährdungsanalyse von Zeitarbeitsplätzen und können den Kundenbetrieb auf Risiken hinweisen, die dieser möglicherweise nicht als solche wahrnimmt. Darüber hinaus kann das Zeitarbeitsunternehmen so sicherstellen, dass sich der Entleihbetrieb nicht seiner Verantwortung entzieht.
- Allgemeine Sicherheitsunterweisung / Maßnahmen zur Gesundheitsförderung
    - Neben den Einweisungen am Arbeitsplatz, die nur der Entleiher realisieren kann, hat der Verleiher jedoch die Pflicht durch regelmäßige, allgemeine Sicherheitsunterweisungen entsprechend den Berufsgenossenschaftlichen Vorgaben, den LAN auf verschieden Gefährdungssituationen vorzubereiten. Diese Pflicht ergibt sich einerseits aus dem allgemeinen Fürsorgeauftrag (§ 618 BGB) und im speziellen aus der BGV A 1. Ungeachtet, der gesetzlichen Verpflichtungen sollten regelmäßig Maßnahmen zur Gesundheitsförderung angeboten werden und zwar in kürzeren Abständen als es ein vergleichbarer Arbeitgeber für sein Stammpersonal vornehmen würde, da die Verweilzeiten des LAN beim Verleiher i. d. R. sehr kurz sind
- Intensive Betreuung der LAN
    - Weiteres Potential steckt in der intensiven Betreuung des LAN auch während eines Einsatzes. Nur ein vertrauensvolles Verhältnis zwischen diesen beiden Vertragspartnern stellt sicher, dass der LAN keine Scheu hat bestehende Probleme am Einsatzort zumindest bei seinem Arbeitgeber anzusprechen.
- Qualifikation der Verantwortlichen
    - Das Zeitarbeitsunternehmen steht allein in der Verantwortung für seine Mitarbeiter, insbesondere auch für eigenes Stammpersonal wie Personaldisponenten, Niederlassungsleiter etc. Diese müssen die fachliche Qualifikation und die persönliche Eignung für verantwortungsbewusste Auswahl und Einsatz von LAN besitzen. Darüber hinaus muss sichergestellt sein, dass sie über die

erforderlichen Kenntnisse des Arbeitsschutzes verfügen, denn nur so ist es möglich, dass sie diese selbst beachten und an die LAN weitergeben.

Wenn in diesem Kapitel von der Fachkraft für Arbeitssicherheit oder vom Arbeitsschutzbeauftragten gesprochen wird, so beschränkt sich die gesetzliche Verpflichtung des Verleihers hinsichtlich Bestellung und Freistellung auf die in den angegebenen Gesetzen normierten Schwellenwerte und Voraussetzungen. Aufgrund der Besonderheiten der Zeitarbeitsbranche sollte davon im Interesse der LAN jedoch abgewichen werden und bereits bei geringeren Beschäftigtenzahlen Sicherheitsfachkräfte berufen und Arbeitsschutzbeauftragte in größerem Umfang freigestellt werden.

Gesundheitsfördernde Maßnahmen in den letzten 2 Jahren	Zeitarbeit	keine Zeitarbeit
	%	%
Nein	56,5	57,9
ja, davon	24,3	35,9
teilgenommen	12,5	23,5
nicht teilgenommen	11,8	12,4
weiß nicht	19,3	6,1

Tabelle 5: Gesundheitsförderungsmaßnahmen in der Zeitarbeitsbranche

Quelle: Bericht zur „Sicherheit und Gesundheit bei der Arbeit 2006" vom Bundesministerium für Arbeit und Soziales

Die genannten Maßnahmen zur Abmilderung der Gesundheitsgefahren für LAN sind nicht abschließend. Allen, auch den hier nicht aufgeführten, ist jedoch eines gemeinsam: Sie müssen trotz der Besonderheit der Kurzfristigkeit von Zeitarbeitsverhältnissen wirken.

4.1.3.3 Integriertes Arbeitsschutz-, Gesundheitsschutz- und Qualitätsmanagement

Bereits an den bisher aufgeführten Maßnahmen zur Verringerung der Gesundheitsrisiken von LAN wird deutlich, dass es sehr viele Ansatzpunkte und Verbesserungsmöglichkeiten gibt, die letztlich alle ineinander greifen müssen. Um den erhöhten Anforderungen an den Gesundheitsschutz Rechnung zu tragen, modellierte die VBG zusammen mit verschieden Zeitarbeitsverbänden einen Leitfaden zum Aufbau eines integrierten Qualitäts-, Arbeits- und Gesundheitsmanagementsystems für Verleihunternehmen.[44] Nach ersten Untersuchen 1999 zeigte sich bereits, dass die Unfallzahlen von LAN, deren Zeitarbeitsunternehmen über ein ganzheitliches Qualitätsmanagement verfügen, deutlich niedriger waren als im Branchenvergleich.

[44] 9. AÜG- Erfahrungsbericht, Berlin 2000, S. 18

Auch der Verband Deutscher Sicherheitsingenieure e. V. sieht einen erheblichen Beitrag zum Gesundheitsschutz von LAN in einem integrativen Managementsystem, zertifiziert nach den für die Zeitarbeit relevanten Normen DIN EN ISO 9001 oder DIN EN ISO 9002.[45]

4.2 Betriebliche Mitbestimmung

Der Betriebsrat vertritt die Interessen der Arbeitnehmer des jeweiligen Betriebes. Er hat dabei jedoch auch die Interessen des Arbeitgebers zu berücksichtigen[46].

Bereits diese beiden Aussagen genügen, um in Verbindung mit Leiharbeit zahlreiche Problemfelder zu eröffnen, auf die im Folgenden näher eingegangen werden soll.

4.2.1 Rechtliche und tatsächliche Hemmnisse einer funktionierenden Interessenvertretung für Leiharbeitnehmer

4.2.1.1 Die Leiharbeitnehmer - Interessen im Entleihbetrieb

Im Unterschied zu anderen Arbeitsverhältnissen ist der Arbeitnehmer in der Zeitarbeit zwei Arbeitgebern verpflichtet. Grundsätzlich dem eigenen Verleiher mit dem ein rechtlicher Kontrakt besteht und gleichsam dem Entleiher, der mit seinen Weisungs- und Direktionsrechten, aber auch seiner Fürsorgepflicht, eine faktische Arbeitgeberfunktion innehat. Hier wird bereits ein erstes Problem erkennbar: Der LAN kann nicht nur zwei Arbeitgebern sondern simultan auch zwei Betrieben zugeordnet werden: Gem. § 14 I AÜG bleibt der LAN auch während eines Einsatzes Angehöriger des entsendenden Betriebs des Verleihers („rechtliche Betrieb"). Tatsächlich übt er jedoch eine Tätigkeit im Betrieb des Entleihers aus („faktische Betrieb").

In der Literatur besteht noch Uneinigkeit darüber, ob diese Situation nun zu einer „doppelten Betriebszugehörigkeit" mit weit reichenden Konsequenzen führt oder der LAN betriebsverfassungsrechtlich allein dem Verleihbetrieb zugeordnet wird[47]. Der BAG vertritt letztere Auffassung.

Auf diese Problematik wird an späterer Stelle noch genauer eingegangen.

Lässt man sie zunächst außer Acht so besteht offensichtlich ein rein tatsächliches Hindernis für die betriebsverfassungsrechtliche Schutzfunktion im Entleihbetrieb. Der für den LAN stets zuständige Betriebsrat, ist der des Verleihbetriebes (§ 14 I AÜG). Dieser ist in seinen Möglichkeiten auf die Arbeitsbedingungen für den LAN einzuwirken jedoch eingeschränkt.

---

[45] VDSI: Zeitarbeit ein Wirtschaftsfaktor, Leipzig 1999, verschiedene Beiträge

[46] Pulte, Peter: Das Deutsche Arbeitsrecht, München, 2003, S. 79

[47] Schüren, Peter: Arbeitnehmerüberlassungsgesetz, 2. Aufl., München, 2003, S. 648 ff, RN 27 - 44

Denn die Arbeitsbedingungen i. e. S. sind individuell vom jeweiligen Einsatzort abhängig und unterliegen damit dem „Machtbereich" des Betriebsrates im entleihenden Betrieb.

Auch wenn der BAG festgestellt hat, dass der Betriebsrat des faktischen Arbeitgebers, auch für Leiharbeitnehmer zuständig ist, wenn der Beschäftigungsarbeitgeber den Beteiligungsrechten des Betriebsrats unterliegende Maßnahmen ergreift, die auch diesen Personenkreis betreffen (so BAG vom 19.6.2001 – 1 ABR 43/00 – zur Einführung von Überstunden), dieser Betriebsrat beschäftigt sich naturgemäß maßgeblich mit den Interessen der internen Mitarbeiter. Diese sind teilweise durchaus deckungsgleich mit denen der Externen. Besonderheiten, die sich aus den spezifischen Merkmalen der Zeitarbeit ergeben, finden jedoch keinen Eingang.

Hierzu ein einfaches Beispiel: In vielen Unternehmen, in denen die Arbeitnehmerschaft betrieblich organisiert ist, bestehen Vereinbarungen über die Durchführung von Mitarbeitergesprächen. Dabei werden Art und Weise, Ziel, Form und Zeitpunkt der Durchführung ausgestaltet. Wie verschiedene Untersuchungen belegen, haben LAN einen sehr hohen Bedarf an vergleichbaren Gesprächen. Wie interne Mitarbeiter, möchten auch sie eine Bestätigung ihrer Arbeitsleistung erhalten[48]*. Aufgrund der meist kurzen Einsatzzeiten, würden sie jedoch durch das zeitliche Raster der internen Gespräche fallen (sofern eine solche Betriebsvereinbarung überhaupt auf LAN angewendet wird). Unabhängig davon besteht ein besonderes Interesse der Leiharbeiter an Mitarbeitergesprächen, wenn sich das Ende eines Einsatzes abzeichnet. Dann, um die Möglichkeit einer Einsatzverlängerung oder sogar einer Übernahmechance zu hinterfragen.*

4.2.1.2 LAN - Interessen im Verleihbetrieb

Auch die Sicherstellung der LAN - Interessen im Betriebsrat des Verleihunternehmens ist fragwürdig. Die kurzen Beschäftigungsdauern machen es faktisch unmöglich, dass auch Leiharbeiter als Betriebsratsmitglieder fungieren und so direkt ihre spezifischen Ansprüche zentrieren können. Ebenso schwierig sicherzustellen ist ein Betriebsratsmitglied als permanenter Ansprechpartner für den LAN. Anders als bei einem Normalarbeitsverhältnis besteht v. a. in der ständigen räumlichen Trennung zwischen Einsatzort des LAN und dem „Sitz" des Betriebsrates ein enormes Hemmnis.

4.2.1.3 Betriebsvereinbarungen und Tarifvorbehalt

Die beiden beschriebenen Aspekte sind maßgeblich Ausfluss der Besonderheiten von Leiharbeitsverhältnissen, die schon immer zu einer nur eingeschränkten Interessenvertretung

---

[48] Untersuchungen ergaben sogar, dass LAN ein höheres Interesse an Rückmeldungen haben, da sie aufgrund ihrer Erwerbsbiographie (überwiegende Anteil war zuvor arbeitslos) meist durch ein geringes Selbstwertgefühl und Selbstbewusstsein geprägt sind. So z. B. bei P. Noller; B. Vogel, M. Kronauer: Zwischen Integration und Ausgrenzung; Göttingen 2004

führten. Seit 2003 ist jedoch ein weiteres Hindernis rechtlicher Natur hinzugetreten und zwar in Form der abgeschlossenen Zeitarbeitstarifverträge.

Eine Betriebsvereinbarung verkörpert den zwischen Arbeitnehmer und Arbeitgeber gefundenen Konsens über widerstreitende Interessen und kleidet ihn „in rechtliche Form. Auf diese Weise werden sie für den einzelnen Betriebsangehörigen verbindlich."[49] Das BetrVG unterscheidet zwischen erzwingbaren und freiwilligen Betriebsvereinbarungen. Bei den letzteren ist der Arbeitgeber rechtlich nicht verpflichtet eine Einigung mit dem Betriebrat zu erzielen. Zweck der erzwingbaren Mitbestimmung ist es gerade, dass der Arbeitgeber zu einer betrieblichen Einigung mit dem Betriebsrat gezwungen werden kann, um sicherzustellen, dass in wichtigen betrieblichen Entscheidungen auch die Belange der Belegschaft Eingang finden. Dazu gehören insbesondere Regelungen über soziale Angelegenheiten gem. § 87 BetrVG.

Allerdings ist auch eine erzwingbare Betriebsvereinbarung unzulässig, wenn ihr Regelungsinhalt dem Tarifvorbehalt gem. § 77 III BetrVG unterliegt. Danach dürfen Arbeitsentgelte und sonstige Arbeitsbedingungen, die durch Tarifvertrag geregelt sind oder gewöhnlicher Weise geregelt werden, nicht Gegenstand einer Betriebsvereinbarung sein. Es sei denn, dass der Tarifvertrag ergänzende Regelungen durch Betriebsvereinbarung zulässt. § 77 III BetrVG bezieht sich damit sachlich auch auf die mitbestimmungspflichtigen sozialen Angelegenheiten i. S. v. § 87 BetrVG. Das BAG sieht im Eingangshalbsatz des § 87 I BetrVG, wonach keine erzwingbare Mitbestimmung besteht wenn ein Gesetz oder ein Tarifvertrag diesbezüglich eine Regelung getroffen haben, als lex specialis zu 77 III BetrVG[50].

Gem. § 87 I, 77 III BetrVG hat also ein Tarifvertrag immer Vorrang vor betrieblichen Vereinbarungen, er kann aber dem Betrieb die Möglichkeit ergänzender Regelungen eröffnen. Ist eine Betriebsvereinbarung nach § 87 I, 77 III BetrVG zulässig und enthält sie eine für den Arbeitnehmer günstigere Regelung als die tarifvertragliche, so gilt das Günstigkeitsprinzip nach § 4 III TVG.

Vergleicht man Tarifverträge verschiedener Branchen, zeigt sich, dass sie hinsichtlich der wesentlichen Arbeitsbedingungen wie Entgelt, Urlaub und Arbeitszeit, einen umfangreichen Rahmen abstecken, tlw. aber auch den Betriebsparteien einen Gestaltungsauftrag auferlegen oder zumindest die Möglichkeit anbieten. Zur betriebsspezifischen Ausgestaltung sollen oder können danach vielfach Betriebsvereinbarungen getroffen werden[51].

Werden nun die Tarifverträge der Leiharbeitsbranche betrachtet, so lässt sich überwiegend weder ein expliziter Gestaltungsauftrag entnehmen, noch wird zumindest die Möglichkeit für eine Betriebsvereinbarung zu bestimmten Arbeitsbedingungen eröffnet.

---

[49] Pulte/Frey: Betriebsvereinbarungen in der Praxis, 2. Aufl. München 1997, S. 1

[50] Richardi: Betriebsverfassungsgesetz, München 2002, S. 1226/1227, RN 166-168

[51] Manteltarifvertrag Eisen-, Metall-, Elektro- und Zentralheizungsindustrie §§ 3 Nr. 11; 11 Nr. 5

Eine sehr bedenkliche Ausnahme stellte das Tarifwerk zwischen CGZP mit der Interessengemeinschaft Nordbayerischer Zeitarbeitunternehmen e.V. (INZ) vom Februar 2003 dar.

Manfred Furier und Rüdiger Kaus, Fachanwälte für Arbeitsrecht aus Mannheim**, führten dazu aus:**

"Unter dem Punkt 1.5 „Vorrang und Günstigkeitsprinzip" heißt es dort u. A.:

1.5.2. Tarifliche Normen können durch Betriebsvereinbarung ergänzt und dort, wo ausdrücklich zugelassen, abgeändert werden; der ausdrücklichen Zulassung bedarf es nicht, soweit der Inhalt der Regelung nach übereinstimmender Auffassung von Arbeitgeber und Betriebsrat für die betroffenen Arbeitnehmer eine insgesamt günstigere Regelung schafft.

1.5.3. Tarifliche Normen können dort, wo kein Betriebsrat besteht, gemäß vorstehender Ziffer 1.5.2. durch Entscheidung einer Mehrheit von 75 % der betroffenen Arbeitnehmer unter den dort genannten Voraussetzungen

auch abgeändert werden, soweit der einzelne Arbeitnehmer hierzu seine Zustimmung erteilt; dieses kann auch vorab geschehen. Insoweit ersetzt die qualifizierte Mehrheit der betroffenen Arbeitnehmer das Votum des Betriebsrats.

1.5.4. Besteht kein Betriebsrat, so sind Ergänzungen gemäß Ziffer 1.5.2.durch Einzelvereinbarung möglich.

Neben anderen „Kleinigkeiten" zeigen allein schon diese drei Absätze, was dieser Tarifvertrag wert ist. Er eröffnet dem Arbeitgeber die Möglichkeit, vom Gleichbehandlungsgebot des Gesetzes hinsichtlich der Arbeitsbedingungen und von den Bedingungen der vorliegenden Tarifverträge abzuweichen, indem er mit dem Betriebsrat und den einzelnen Arbeitnehmern extra Regelungen abschließt. Durch die Ziffer 1.5.2 kann der Betriebsrat des Verleihers von diesem erheblich unter Druck gesetzt werden, eine Regelung als „günstiger" einzustufen. Es war doch noch nie ein Geheimnis, dass Betriebsräte gerade in Entlohnungsfragen mit dem Arbeitgeber nicht auf gleicher Augenhöhe verhandeln können. Denn ihnen fehlt u. a. ein Streikrecht. Ohne ersichtliche Gegenleistung geben die „Christlichen" die Bestimmung des Tarifvorbehalts des § 77 Abs. 3 BetrVG an dieser Stelle auf.

Und wie ist die Ziffer 1.5.3 zu verstehen? Genauso wie es dort steht. Leiharbeitnehmer können schon vorab, also schon beim Abschluss des Arbeitsvertrags, dem Verleiher einen Blankoscheck für „günstigere" Regelungen ausstellen.

Ein Schelm, wer böses dabei denkt!"[52]

Dieser Tarifvertrag wurde einige Monate später im Wesentlichen auch von der Mittelstandsvereinigung Zeitarbeit e.V. (MVZ) übernommen. INZ und MVZ sind inzwischen im Arbeitgeberverband Mittelständischer Personaldienstleister e.V. (AMP) verschmolzen.

---

[52] Furier, Manfred; Kaus, Rüdiger in: Arbeitsrecht im Betrieb, 6/2004, S. 360 - 376

Der 2004 geschlossene Tarifvertrag zwischen AMP und CGZP enthält diese Klausel in deutlich abgeschwächter Form. Von den Tarifnormen abweichende Betriebsvereinbarungen stehen nun unter dem Vorbehalt der Zustimmung der Tarifpartner. Dies gilt auch für vorab erteilte Zustimmungen durch den Arbeitnehmer, wenn kein Betriebsrat existiert.

Allerdings ist fraglich wie viel Wert ein solcher Vorbehalt hat, der von Tarifparteien abhängt, von denen eine offen die Auffassung vertritt "Equal pay ist für den Arbeitnehmer in der Zeitarbeit eine höchst ungerechte Sache", so CGZP - Verhandlungsführer Gunter Smits,[53] und die andere sich für eine Abschaffung des Wahlrechts von Zeitarbeitnehmern bei den Betriebsratswahlen in Kundenbetrieben einsetzt – so der Standpunkt des AMP.[54]

4.2.1.4 Interessenkonflikte des Betriebsrates im Entleihbetrieb

Zu den Gründen aus welchen Unternehmen vorrangig Zeitarbeiter entleihen, gehören insbesondere ökonomische Überlegungen hinsichtlich geringerer Entgelte, des Wegfalls von Kündigungsfristen und Befristungszeiten, sowie das Nichtbeachten der gesamten damit verbundenen rechtlichen Materie (siehe Kapitel 5).

Mit zunehmendem Einsatz von Zeitarbeit wächst damit die Gefahr, dass soziale Standards, die tlw. Ergebnisse harter Auseinandersetzungen zwischen Arbeitgeber- und Arbeitnehmervertreter sind, auch zunehmend erodiert werden. Denn mit der Zunahme von Zeitarbeit geht auch eine Zunahme des Konkurrenzverhältnisses zwischen LAN und normal Beschäftigten einher. Aus Sicht eines Betriebsrates ergibt sich damit folgender Interessenkonflikt: Einerseits will er verhindern, dass Zeitarbeit im eigenen Unternehmen einen zu hohen Anteil erlangt, andererseits muss er auch die wirtschaftlichen Interessen des Arbeitgebers berücksichtigen. Dieser Konflikt kann mit Blick auf das bereits dargestellte noch um eine Dimension erweitert werden: Seinem ureigenen Interesse zu Folge würde er die Zeitarbeitsplätze viel lieber mit Stammkräften besetzt sehen. Trotzdem muss er die Integration der LAN in das betriebliche Geschehen unterstützen, anders wäre die Erreichung betrieblicher Ziele möglicherweise gefährdet.

4.2.1.5 Die rechtliche Problematik der „doppelten Betriebszugehörigkeit“ von LAN

Seit der Novellierung des BetrVG 2001 besitzt ein Leiharbeitnehmer, der länger als 3 Monate an einen Betrieb überlassen wird, ein aktives Wahlrecht in diesem Betrieb (§ 7 S. 2 BetrVG).

In der Begründung zum Regierungsentwurf des Betriebsverfassungsreformgesetzes heißt es, dass die Stammbelegschaft die Arbeit im Betrieb heute nicht mehr allein trägt, sondern

---

[53] www.cgb.info/archiv/p_tarifzeitarbeit_archiv.php

[54] http://www.amp-info.de/Standpunkte.41.0.html

dass sie, u. a. durch den Einsatz von Leiharbeitskräften, erheblich erodiert ist. Durch diese Verdünnung der Stammbelegschaft verliert der Betriebsrat an quantitativer Zuständigkeit.[55]

Erklärtes Ziel der Novellierung war daher auch die verstärkte Einbeziehung neuer Beschäftigungsformen in die betriebliche Mitbestimmung sowie ein besserer Schutz von LAN.[56] In der Begründung wird weiterhin festgestellt, dass der Betriebsrat die kollektiven Interessen aller Arbeitnehmer im Betrieb wahrnimmt.

"Mitbestimmen und Mitwirken kann er grundsätzlich nur gegenüber dem Arbeitgeber, der über den Arbeitsvertrag mit dem jeweiligen Arbeitnehmer verbunden und dadurch weisungsbefugt ist."[57] Da sich jedoch eine Randbelegschaft mit Arbeitsverträgen zu Dritten herausgebildet hat, ist dieses Prinzip heute nicht mehr ohne weiteres einzuhalten. Durch verschiedene Neuregelungen sollte nun u. a. dort eingegriffen werden, „wo externe Arbeitnehmer der Weisungsbefugnis des Inhabers des Einsatzbetriebs unterliegen"[58], um diese unter die kollektive Interessenvertretung des Betriebsrats dieses Betriebs zu stellen. Dazu wurde dem LAN das aktive Wahlrecht eingeräumt, mit dem Ziel ihn betriebsverfassungsrechtlich aus der Randbelegschaft an die Stammbelegschaft heranzuführen. Ausdrücklich wird in der Begründung darauf hingewiesen, dass der LAN nicht als Arbeitnehmer des Entleihbetriebes einzustufen ist (schließt sich rechtlich aus) und seine betriebsverfassungsrechtliche Stellung im Verleihbetrieb unberührt bleibt. Dies entspricht § 14 I AÜG.

Welche Auswirkung hat das Gesagte nun aber tatsächlich für die Interessenvertretung?

Der LAN behält seine betriebsverfassungsrechtliche Stellung im Verleihbetrieb, soll aber gleichzeitig betriebsverfassungsrechtlich auch an die Stammbelegschaft des Entleihbetriebs herangeführt werden. Der Betriebsrat ist zwar verantwortlich für alle Arbeitnehmer des Betriebs, kann grundsätzlich aber nur auf die Arbeitsbedingungen der internen Beschäftigten einwirken. Damit lässt sich das oben benannte Prinzip jedoch immer noch nicht ohne weiteres anwenden.

Der LAN gehört zwar faktisch zwei Betrieben an, betriebsverfassungsrechtlich nach Auffassung des BAG und der überwiegend Meinung i. d. Lit.[59] aber nur zum Verleihbetrieb. Die Betriebszugehörigkeit zum Entleihbetrieb wird danach nur in den im Gesetz genannten Fällen (§§ 7 S.2; 81; 82 I; 84 - 86 BetrVG; § 14 II AÜG) anerkannt. Damit hängt es weiterhin überwiegend von der Durchsetzungskraft des Entleih-Betriebsrates und der Einstellung

---

[55] BT - Drucks. 14/5741 S. 24

[56] ebd. S. 25

[57] ebd. S. 27

[58] ebd. S.28

[59] Schüren, Peter: Arbeitnehmerüberlassungsgesetz, 2. Aufl., München, 2003, S. 648, RN 28

des Entleiharbeitgebers ab, ob Betriebsvereinbarungen auch auf LAN übertragen werden. Der Betriebsrat des Verleihers hingegen kann LAN - Interessen grundsätzlich aber nur insoweit vertreten, wie diese nicht die Hemisphäre des entleihenden Betriebs betreffen. Das angestrebte Ziel eines verbesserten Schutzes für den LAN ist i. d. S. nur minimal durch das aktive Wahlrecht erreicht wurden.

Der Betriebsrat wird nun von externen und internen Mitarbeitern legitimiert. „Wenn es somit Wille des Gesetzgebers ist, durch die Stärkung der Stellung der Leiharbeitnehmer im Entleiherbetrieb klarzustellen, dass der Betriebsrat auch deren kollektive Interessen im Entleiherbetrieb mit wahrnimmt, muss dieses auch Auswirkungen auf die Arbeitsstrukturen des Betriebsrats haben.“[60] Diese werden maßgeblich durch Größe des Betriebsrats (§ 9 BetrVG) und die Anzahl freigestellter Mitglieder (§ 38 BetrVG) geprägt. Die Schwellenwerte in den §§ 9, 38 BetrVG haben die Funktion, die Größe des Betriebsrats in Abhängigkeit von der Größe der zu vertretenden Interessen (=Arbeitnehmerschaft) zu stellen. Das heißt: Je mehr Arbeitnehmer in einem Betrieb sind, umso größer werden die anfallenden Aufgaben und umso größer muss der Betriebsrat sein.

Konsequent wäre nun gewesen eine Möglichkeit zu finden, wie LAN auch bei den Schwellenwerten berücksichtigt werden können. Hingegen stellt das BAG in seinen Entscheidungen vom 16. 04 2003 (7 ABR 53 / 02) und 22. 10. 2003 (7 ABR 2 / 03) klar, dass Leiharbeitnehmer nicht als Arbeitnehmer i. S. v. § 9 bzw. 38 BetrVG mitzählen. Nur Arbeitnehmer nach § 5 I BetrVG sind hierfür relevant. Damit entspricht der BAG den Ausführungen in der Begründung zum Betriebsverfassungsreformgesetzes von 2001.

Der rechtstechnische Schlüssel zur Sicherstellung des kollektivrechtlichen Schutzes der LAN im Entleihbetrieb läge nach dem Gesagten also in der Definition eines betriebsverfassungsrechtlichen Arbeitnehmerbegriffs. Dieser darf nicht wie § 5 I BetrVG ausschließlich auf die vertragliche Verbindung zum Arbeitgeber abstellen, sondern muss sich am faktischen Arbeitsverhältnis orientieren. D. h. am Über-Unterordnungsverhältnis zwischen (faktischen) Arbeitgeber und (faktischen) Arbeitnehmer, aber auch an der Regelmäßigkeit der Besetzung eines Arbeitsplatzes mit einem LAN[61]. Dies entspräche auch der originären Funktion der kollektivrechtlichen Interessenvertretung: Die immaterielle Partizipation an Entscheidung durch diejenigen im Betrieb, die sich eigentlich der „Obrigkeit“ unter zu ordnen haben.

Mit der damit verbundenen Anerkennung der doppelten Betriebszugehörigkeit ergäbe sich allerdings ergänzend auch die Notwendigkeit einer klaren Abgrenzung von Zuständigkeiten und Betriebsverfassungsrechten zwischen beiden Betriebsräten. Eine solche ist aber auch

---

[60] Ratayczak, Jürgen: Arbeitsrecht im Betrieb, 05/2003, S. 276-278

[61] Das Arbeitsgericht Berlin z. B. legte diese beiden Elemente zu Grunde, um in seinem Urteil vom 31. 01. 2001 (AZ.: 43 BV 31216/00) einen höheren Freistellungsanspruch des Betriebsrates zu begründen.

bereits jetzt schon Ausdruck der gesetzlichen Regelungen, die konstitutiv in bestimmten Fällen die Betriebszugehörigkeit zum Entleihbetrieb anerkennen (siehe oben) sowie der Rechtsprechung des BAG[62].

Letztlich wäre dies auch ein Schritt zur Umsetzung des Gleichbehandlungsgrundsatzes.

4.2.1.6 Möglichkeiten im Zeitarbeitsunternehmen und Entleihbetrieb

Arbeitnehmerüberlassung, die den Anspruch der Sozialverträglichkeit erhebt, muss die Vertretung der Interessen von LAN auf betrieblicher Ebene sicherstellen.

Ungeachtet rechtlicher Einschränkungen und der damit verbundenen gesetzgeberischen Aufgabe, können sowohl Zeitarbeitsfirmen als auch die entleihenden Betriebe von sich aus einen Beitrag zur Sicherstellung der Interessenvertretung leisten.

- **Leiharbeitnehmer als Betriebsratsmitglieder des Zeitarbeitsunternehmens**
Idealerweise sind auch LAN im eigenen Betriebsrat vertreten. Meist wird dies aber an den kurzen Beschäftigungsdauern und den auf langfristige Betriebszugehörigkeit ausgerichteten Wahlgrundsätzen im Betriebsverfassungsrecht, scheitern. Alternativ besteht jedoch auch die Möglichkeit Strukturen zu schaffen, die es erlauben LAN aktiv in die Betriebsratsarbeit mit einzubeziehen. Entscheidend hierbei sind die Einstellung des Arbeitgebers und die Durchsetzungskraft des Betriebsrates.

- **Ständige Ansprechpartner**
Das räumliche Problem für den Kontakt zwischen Betriebsrat im Verleihbetrieb und dem LAN kann z. B. überwunden werden, wenn ein freigestelltes Betriebsratsmitglied über eine telefonische Hotline für den Arbeitnehmer immer zu erreichen ist. Dies bedingt, dass der LAN über diese Möglichkeit informiert ist, was sowohl im Verantwortungsbereich des Arbeitgebers als auch des Betriebsrates liegt. Auch ein dem Betriebsrat zur Verfügung gestellter PKW wäre eine weiter Möglichkeit. Die Betriebsräte des Entleihers besitzen stets die Möglichkeit selbst Kontakt zu den eingesetzten LAN aufzunehmen und sie somit direkt auf verschiedene ihrer kollektiven oder individuellen Rechte der Betriebsverfassung hinzuweisen.

- **Möglichkeiten des Entleihbetriebsrates**
Dieser sollte unbedingt alle betriebsverfassungsrechtlichen Informations- und Beratungsrechte nutzen, gemäß den §§ 80 (2), 90 (1) und (2), sowie 92 (1) BetrVG, sowie das 2001 zusätzlich eingefügte Initiativrecht zur Beschäftigungssicherung in § 92 a. Der Einsatz von LAN ist nach § 99 BetrVG mitbestimmungspflichtig. Ein weiteres Mittel wäre das Anstreben einer Betriebsvereinbarung über den Einsatz von LAN (über § 92a z. B.). Diese sollte eine Festlegung enthalten über die Frage, welche Tarifverträge auf LAN anzuwenden sind

[62] Vgl. obige Ausführung; BAG - Beschluss vom 19.6.2001 – 1 ABR 43/00

und welche Arbeitsbedingungen für sie gelten. Darüber hinaus sollte sie sinnvoller Weise eine Aussage über das Ausmaß des Einsatzes von LAN treffen.

4.3 Der Faktor Entlohnung

4.3.1 Wirkung(slosigkeit) der AÜG-Reform

„Verdiente 1980 ein Leiharbeitnehmer durchschnittlich noch 77, 4 Prozent eines durchschnittlichen Monatseinkommens, sank diese Zahl 1990 auf 71,7 Prozent und 1995 sogar auf 63, 4 Prozent.“[63] Die IAT-Expertise „Mindestbedingungen für die Zeitarbeitsbranche?“(Weinkopf, 2006) spricht für 2002 von einem durchschnittlich um 42,2% geringeren Lohn der Zeitarbeiter im Vergleich zu anderen Beschäftigten.

Mit der Einführung des „equal pay“ – Grundsatzes in das AÜG (§ 9 Nr. 2 AÜG) hätte eine reelle Chance bestanden hier zu intervenieren, der Ungleichheit eine Ende zu bereiten und so die Gefahr von Substitutionseffekten und der Etablierung von Niedriglöhnen wesentlich zu reduzieren.

Der Gesetzgeber eröffnete jedoch zwei Abweichungsmöglichkeiten, die faktisch zu einer Wirkungslosigkeit des „equal-pay“-Grundsatzes führten:

1. Ein zuvor Arbeitsloser wird erstmalig vom Verleiher eingestellt. Der Verleiher kann mit dem LAN ein Nettoentgelt, für die ersten 6 Wochen, in Höhe des zuvor bezogenen Arbeitslosengeldes einzelvertraglich vereinbaren.

Hiermit soll insbesondere Arbeitslosen der Zugang in die Beschäftigungsform Zeitarbeit erleichtert werden. Die Statistiken der BA zeigen jedoch, dass ca. 65 % der LAN zuvor ohne Beschäftigung waren. Einer solchen grundsätzlichen Einstiegshilfe für Arbeitslose hätte es demnach nicht bedurft.
Alternativ wäre eine Beschränkung auf Langzeitarbeitslose möglich gewesen, denn diese stellen innerhalb der Zugänge zu den LAN nur rund 12 % dar, gehören aber zur Gruppe der schwer vermittelbaren Arbeitslosen. Da der Verleiher das niedrigere Entgelt meist über entsprechend niedrigere Verrechnungssätze an die Entleiher weitergibt, hätte damit ein Anreiz bestanden stärker Langzeitarbeitslose einzusetzen. Für diese würde die Möglichkeit von den Wiedereingliederungschancen, die Leiharbeit bieten kann, zu profitieren, im gleichen Umfang steigen. Die Begrenzung des niedrigeren Entgeltes auf 6 Wochen, kann dabei durchaus als ein Mittel akzeptiert werden, welches das Risiko von nicht auszuschließenden „Mitnahmeeffekten“ bei Ent- und Verleihbetrieben verringert.

[63] Neunter Bericht der Bundesregierung über Erfahrungen bei der Anwendung des Arbeitnehmerüberlassungsgesetzes – AÜG – sowie über die Auswirkungen des Gesetzes zur Bekämpfung der illegalen Beschäftigung – BillBG; BT – Drucks. 14/ 4220. S. 15

2. Tarifverträge können andere, als die im Entleihbetrieb geltenden wesentlichen Arbeitsbedingungen, einschließlich der Entgelte, zulassen. Die Anwendung der Tarifverträge kann auch individualrechtlich vereinbart werden.

Die Zeitarbeitsbranche befürchtete bei Anwendung des Gleichbehandlungsgebots starke Umsatzeinbrüche. Denn dann hätten die LAN, entsprechend der im Entleihbetrieb geltenden Tarife, entlohnt werden müssen. Doch dazu ist es nicht gekommen, denn „Durch den Abschluss von Tarifverträgen kann die Zeitarbeitsbranche jetzt die Lockerungen des ÄUG umsetzen, ohne die Preise nennenswert zu erhöhen", stellte der iGZ dazu fest.[64]

4.3.2 Die Tarifpartner - Zeitarbeitsverbände und Gewerkschaften

In Deutschland vertreten drei Verbände die Belange der Verleihunternehmen: der Bundesverband Zeitarbeit (BZA), die Interessengemeinschaft Deutscher Zeitarbeitsunternehmen e. V. (iGZ) und der Arbeitgeberverband Mittelständischer Personaldienstleister e. V. (AMP).

Der BZA besteht bereits seit über 30 Jahren und zählt nach eigenen Angaben die meisten Mitgliedsunternehmen mit ca. 2200, unter denen die größeren Unternehmen den Schwerpunkt bilden.

Die iGZ wurde 1998 im Zuge der Auseinandersetzung um einen neuen Gefahrentarif für die Zeitarbeit gegründet. Nach eigenen Angaben verfügt sie über 1250 Mitgliedsunternehmen.

Der AMP entstand 2004/2005 aus einem Zusammenschluss der Mittelstandsvereinigung Zeitarbeit e. V. (MVZ) und der Interessengemeinschaft Nordbayerischer Zeitarbeitsunternehmen e. V. (INZ) und vertritt 1100 Unternehmen. Der AMP richtet sich hauptsächlich an kleine und mittelständische Zeitarbeitsunternehmen.

BZA und iGZ sind Partner der DGB-Tarifgemeinschaft. Der AMP hat mit der Tarifgemeinschaft Christliche Gewerkschaften Zeitarbeit und PSA (CGZP) eine Tarifvertrag geschlossen.

Die CGZP hat sich 2002 aus ursprünglich 6 Gewerkschaften des Christlichen Gewerkschaftsbundes zusammengeschlossen. Heute gehören ihm die folgenden Gewerkschaften an:

- Christliche Gewerkschaft Metall (CGM)
- DHV – Die Berufsgewerkschaft (DHV)
- Gewerkschaft Öffentlicher Dienst und Dienstleistungen (GÖD)
- Christliche Gewerkschaft Postservice und Telekommunikation (CGPT)

[64] Südwest Presse: Neue Regeln für den Verleih, vom 02. 07. 2004

Neben der Tarifpartnerschaft mit dem AMP hat der CGZP zahlreiche Haustarifverträge abgeschlossen und erreicht damit ca. die Hälfte aller Zeitarbeitnehmer.
Die Tariffähigkeit sowie die Zuständigkeit der CGZP für den Abschluss von Tarifverträgen für die Zeitarbeitsbranche sind jedoch stark umstritten. Letzteres weil zumindest die DHV und die CGPT gemäß ihrem Satzungszweck nicht für die Zeitarbeitsbranche zuständig sind. Die Tariffähigkeit wird stark bezweifelt, da es der CGZP an einer nennenswerten Mitgliederzahl fehlt und damit an einer gewissen „Sozialmächtigkeit". Einer Umfrage[65] zu Folge haben viele Arbeitsgerichte Zweifel an der Tariffähigkeit.
Das Arbeitsgericht Osnabrück begründete dies u. a. damit, dass die Anzahl der abgeschlossenen Tarifverträge keine Indizienwirkung habe, da sie alle zu einer Absenkung der gesetzlichen Mindeststandards dienen.
Anfang 2008 musste ein diesbezügliches Überprüfungsverfahren vor dem Arbeitsgericht Berlin aus formellen gründen eingestellt werden. Zwar wurde hier keine Entscheidung in der Sache getroffen, trotzdem äußerte das Gericht erneut Zweifel an der Tariffähigkeit. Würde die Tariffähigkeit für nicht gegeben befunden, so wären die vom CGZP abgeschlossenen Tarifverträge unwirksam. Für die LAN bestünde dann Anspruch auf die gesetzliche Equal-Treatment/Payment-Regelung.

4.3.3 Die DGB-Tarifverträge

Um die „Lohnsituation" eines LAN näher zu untersuchen, werden im Folgenden die Tarifvereinbarungen betrachtet die mit dem DGB geschlossen wurden. Trotz Beschränkung auf die DGB-Tarifverträge lässt sich damit ein realistisches Bild über die Branchenlöhne skizzieren. Zwar erreicht auch der Tarifvertrag zwischen AMP und CGZP einen großen Anteil der LAN, auf eine genaue Darstellung kann jedoch verzichtet werden, da er weitestgehend hinter dem DGB-Tarifwerken zurückbleibt. In Kapitel 4.4.3 werden dann aber die Einstieglöhne aller 3 Tarifverträge mit dem Lohnmedian verglichen.

4.3.3.1 Stundenlohn[66]

- **DGB - BZA**

Zur Differenzierung der Stundenlöhne entsprechend den Qualifikationsanforderungen des Einsatzes wurden 9 Entgeltgruppen vereinbart. Die Eingruppierung erfolgt entsprechend der überwiegend ausgeübten Tätigkeit.

Für das Jahr 2007 lag der Einstiegslohn bei 7,38 € und der Maximallohn bei 16,69 € in Tarifgruppe 9. Diese Tarife gelten auch noch 2008.

Bei einem ununterbrochenen Einsatz im Entleihbetrieb erhöht sich der Satz um

[65] Schüren, Peter, NZA 2007, 1213-1215

[66] Angegeben sind die Tarife für Westdeutschland

1, 5 % nach 9 Monaten und

3 % nach 12 Monaten

- **DGB - iGZ**

Auch hier wurden 9 Entgeltgruppen definiert sowie eine Entgeltgruppe M als Einstiegsstufe. Die Gruppenanforderungen zwischen beiden Tarifverträgen entsprechen sich jedoch nicht, sondern sind beim iGZ höher. Der Einstiegslohn lag 2008 bei 7,15 € und die höchste Entgeltgruppe führte zu einem Stundenlohn von 17,04 €.

LAN die mehr als 14 Monate ununterbrochen bei einem Verleihbetrieb beschäftigt sind und 9 Monate ununterbrochen in demselben Entleihbetrieb eingesetzt werden, erhalten eine Zulage von 0,20 € (Entgeltgruppe 1-4) bzw. 0,35 € (Entgeltgruppe 5-9).

- **Bewertung**

Beide DGB-Tarifwerke sind auf eine zeitlich unbegrenzte Arbeitnehmerüberlassung ausgelegt. Neben einigen anderen Vereinbarungen, wurden insbesondere auch die Stundenlohnsätze in Abhängigkeit von der Dauer eines Verleiheinsatzes gestellt, sowie beim iGZ zusätzlich in Abhängigkeit von der Beschäftigungsdauer beim Verleiher selbst. Da über die Hälfte der LAN jedoch nicht länger als 3 Monate bei einem Verleiher beschäftigt sind und somit auch nur kurze Zeiten in den Entleihbetrieben verbringen, kann derzeit nur ein sehr geringer Teil der LAN von den Zulagen profitieren.

Im Vergleich der beiden DGB – Werke, ist der mit dem BZA geschlossen Tarifvertrag deutlich günstiger für betroffene LAN. Denn hier werden in kürzerer Zeit höhere Stundenlöhne erreicht.

Der DGB-BZA Tarifvertrag ist auch insofern vorzuziehen, als die Qualifikationsanforderungen der Entgeltgruppen weniger „streng" sind. Da ein großer Teil der LAN Tätigkeiten im Helferbereich ausführen, werden die meisten Beschäftigten ohnehin maßgeblich den niedrigeren Gruppen zuzuordnen sein.

Nach Angaben des Statistischen Bundesamtes betrug im 2. Quartal 2007 der Durchschnittsstundenlohn im verarbeitenden Gewerbe in Westdeutschland 19,99 € bei den Vollzeitbeschäftigten. Selbst wenn man diesen Stundenlohn mit dem Stundenlohn der Entgeltgruppe 5[67] des DGB-BZA Tarifvertrages vergleicht, der 2007 eingangs bei 11,20 € lag, beträgt der Lohn eines LAN lediglich 56% bezogen auf oben genannten Durchschnittslohn.

Der Vergleich ist insofern erschreckend, da der überwiegende Teil der LAN im verarbeitenden Gewerbe eingesetzt wird. Hinzukommt, dass der Großteil der Tätigkeiten, Helfertätigkeiten sind, die nicht entsprechend Entgeltgruppe 5 bezahlt werden.

---

[67] Entgeltgruppe 5: Tätigkeiten, die Kenntnisse und Fertigkeiten erfordern, die durch eine mindestens dreijährige Berufsausbildung vermittelt werden. Zusätzlich sind Spezialkenntnisse erforderlich, die durch eine Zusatzausbildung vermittelt werden sowie eine langjährige Berufserfahrung.

Die Regelungen zeigen jedoch auch ohne weiteren Vergleich zu anderen Tarifen, dass die Entgelte sich nicht an den in den Entleihbetrieben geltenden Tarifen orientieren. Wäre dies der Fall, hätten keine gesonderten Stundenlöhne ausgehandelt werden müssen.

4.3.3.2 Zuschläge für Nacht-, Sonn- und Feiertagsarbeit

- **DGB -BZA**

Hinsichtlich der Höhe des Nachtarbeitszuschlags wird zwar grundsätzlich auf die Zuschlagsregeln des Kundenbetriebs abgestellt, es erfolgt jedoch eine Begrenzung auf höchsten 25% des tariflichen Stundenentgelts. Nachtarbeit gilt ab 23.00 Uhr.

Auch die Zuschläge für Sonn- und Feiertagsarbeit richten sich nur in soweit nach den Regelungen des Kundenbetriebs, wie sie nicht 50% des tariflichen Stundenentgelts im Falle von Sonntagsarbeit und 100% bei Feiertagsarbeit überschreiten.

- **DGB – iGZ**

Nachtarbeit wird grundsätzlich mit einem Zuschlag von 25 % vergütet. Bei regelmäßiger Nachtschicht beträgt er nur 20%. Arbeitet ein LAN in einem vollkontinuierlichen Schichtsystem beim Entleiher so wird dessen Zuschlagssystem angewendet. Die Zuschläge für Sonntagsarbeit betragen 50%, entfallen jedoch gänzlich bei regelmäßiger Sonntagsarbeit. Gehören Feiertage zur Regelarbeitszeit werden keine Zuschläge entrichtet, ansonsten 100%.

Davon abweichend richten sich für Tätigkeiten im gastronomischen Bereich die Zuschläge für Nacht-, Sonn- und Feiertagsarbeit nach der jeweiligen Zuschlagsregelung im Entleihbetrieb.

- **Bewertung**

Die Vereinbarungen zeigen, dass sich auch hinsichtlich der Zuschläge weitestgehend nicht an den Tarifen der Entleihbetriebe orientiert wurde. Im Vergleich zum Tarifvertrag der Metall- und Elektroindustrie, fallen die Zuschläge eindeutig niedriger aus. Mehrarbeit wird hier bereits ab der ersten Stunde mit Zuschlägen vergütet. Zuschläge für Sonn- und Feiertagsarbeit werden zwischen 70% und 150% zugestanden.

Für den LAN günstiger ist auch in diesem Fall der Tarifvertrag des BZA. Insbesondere ist hinsichtlich des iGZ - Tarifwerkes nicht nachzuvollziehen, warum ein Mensch, der ständig in Nachtschicht arbeitet und somit erheblichen Gesundheitsgefahren ausgesetzt ist, gerade dann einen geringeren Anspruch auf Nachtzuschläge hat.

4.3.3.3 Wegezeiten und Verpflegungsmehraufwand

- **DGB - BZA**

Müssen für den Weg zum Einsatzort mehr als 1,5 Stunden aufgewendet werden, so wird dem Mitarbeiter die darüber hinausgehende Zeit entsprechend seines tariflichen Stundenentgeltes entlohnt. Beträgt die Wegezeit mehr als 2 Stunden, hat der Mitarbeiter Anspruch auf Übernahme der Übernachtungskosten, grundsätzlich in voller Höhe. Als Alternative können jedoch auch Übernachtungspauschalen in Höhe der steuerlichen Sätze vereinbart werden. Dem LAN wird ein Verpflegungsmehraufwand nach Maßgabe der steuerlichen Vorgaben zugestanden.

Für den Fall, dass aufgrund der Zahlungen von Übernachtungskosten bzw. –pauschalen und / oder von Verpflegungskostenmehraufwand das Netto-Gesamteinkommen das tarifliche Netto – Gesamteinkommen übersteigt, das sich aus dem tariflichen Bruttoentgelt ergibt, ist der Arbeitgeber berechtigt, die tariflichen Leistungen anstelle des Tarifentgeltes zu zahle. Dazu dürfen bis zu 25 % des Bruttoentgeltes verrechnet werden.

- **DGB – iGZ**

Keine vergleichbare Regelung

- **Bewertung**

Diese Regelung im DGB–BZA Tarifvertrage ist nicht nachvollziehbar. Sie führt zu noch niedrigeren Löhnen und bestraft die Flexibilität des LAN zusätzlich.

4.3.3.4 Jahressonderzahlungen

- **DGB - BZA**

Jahressonderzahlungen werden ab dem 6. Monat ununterbrochenen Bestehens des Beschäftigungsverhältnisses in Form von Weihnachts- und Urlaubsgeld gezahlt. Urlaubs- und Weihnachtsgeld beträgt zu Beginn 150 € brutto und erhöht sich mit zunehmender Anzahl an Beschäftigungsjahren. Scheidet ein Arbeitnehmer zum 31.03. des Folgejahres aus, so ist dass Weihnachtsgeld zurückzuzahlen, es sei denn, es liegt eine betriebsbedingte Kündigung vor.

- **DGB - iGZ**

Hier wurde die gleiche Regelung vereinbart wie zwischen BZA und DGB.

- **Bewertung**

Auch bei dieser Vereinbarung ist es fraglich, wie viele Zeitarbeiter überhaupt davon profitieren. Allerdings gehören Urlaubs- und Weihnachtsgratifikationen aus gesamtwirtschaftlicher Sicht nicht mehr zu den „Selbstverständlichkeiten". Die für den LAN faktisch wirkungslosen Vereinbarungen, treffen demzufolge auch Arbeitnehmer in anderen Arbeitsverhältnissen.

4.3.3.5 Fazit

Die DGB-Tarifverträge, führen nicht dazu, dass LAN und vergleichbare Stammbelegschaft auch vergleichbaren Entgeltbedingungen unterliegen. Insofern stellt sich die Frage, inwieweit die Gewerkschaften, die ihr vom Gesetzgeber zugeschriebene Rolle nur unzureichend ausgeübt haben.

Ursprünglich wurde sogar davon ausgegangen, dass die Arbeitnehmerverbände sich weigern werden Tarifverträge abzuschließen, da somit der Gleichbehandlungsgrundsatz zur Anwendung gekommen wäre. Da die CGZP jedoch bereits im Frühjahr 2003 mit dem INZ einen Tarifvertrag mit sehr, sehr niedrigen Einstiegslöhnen abgeschlossen hatte, blieb der DGB-Tarifgemeinschaft nur die Möglichkeit eigene Tarifverträge anzubieten. Ansonsten wäre es mit hoher Wahrscheinlichkeit zu einer flächendeckenden Anwendung des CGZP-Tarifvertrages gekommen. Das sich der Verhandlungsspielraum der Gewerkschaft durch die Existenz dieses frühen Tarifwerkes deutlich verschlechtert hatte, liegt auf der Hand.

4.3.4 Vergleich der Tariflöhne mit dem Medianlohn - Entlohnung am Rande der Armut

In einer Expertise, die 2008 im Auftrag der Friedrich Ebert Stiftung, Bonn unter dem Titel „(Fehl-) Entwicklungen in der Zeitarbeit" erstellt wurde, vergleichen Vanselow/Weinkopf die Einstiegslöhne der 3 großen Flächentarifvertäge mit dem Medianlohn aus 2006. Nach OECD-Definition gehören Löhne die weniger als 2/3 des Medians betragen zum Niedriglohn bereich. Nach IAQ-Berechnungen lag 2006 der Niedriglohnschwellenwert bei 9,61 € bzw. der Medianlohn dementsprechend bei 14,42 € (West)[68].

	iGZ/DGB	BZA/DGB	AMP/CGZP	Median-Stundenlohn 2006
Stundenlohn	7.15 €	7.38 €	7.07 €	14.42 €
Relation zum Median	50%	51%	49%	100%

Wie die Tabelle zeigt, liegen also sämtliche Einstiegslöhne deutlich im Niedriglohnbereich. Zu beachten ist dabei, dass seitens CGZP auch Haustarifverträge mit noch niedrigeren Einstiegslöhnen existieren und dass der Flachentarifvertrag mit dem AMP eine Reduzierung um 9,5% innerhalb der ersten Beschäftigungsmonate zulässt. Das IAQ berechnete für 2003 dass ca. 70% der Vollzeitbeschäftigten in der Zeitarbeitsbranche unterhalb der Niedriglohnschwelle beschäftigt waren.

4.3.5 Vergleich mit den Tariflöhne der IG Metall

Vergleich der tariflichen Monatseinkommen 2007 der Metall- und Elektroindustrie in NRW mit der Leiharbeitsbranche, bezogen auf Lohngruppe 2:

[68] Weinkopf, Claudia; Vanselow, Achim; Fehl-(Entwicklungen) in der Zeitarbeit, 2008, S.13

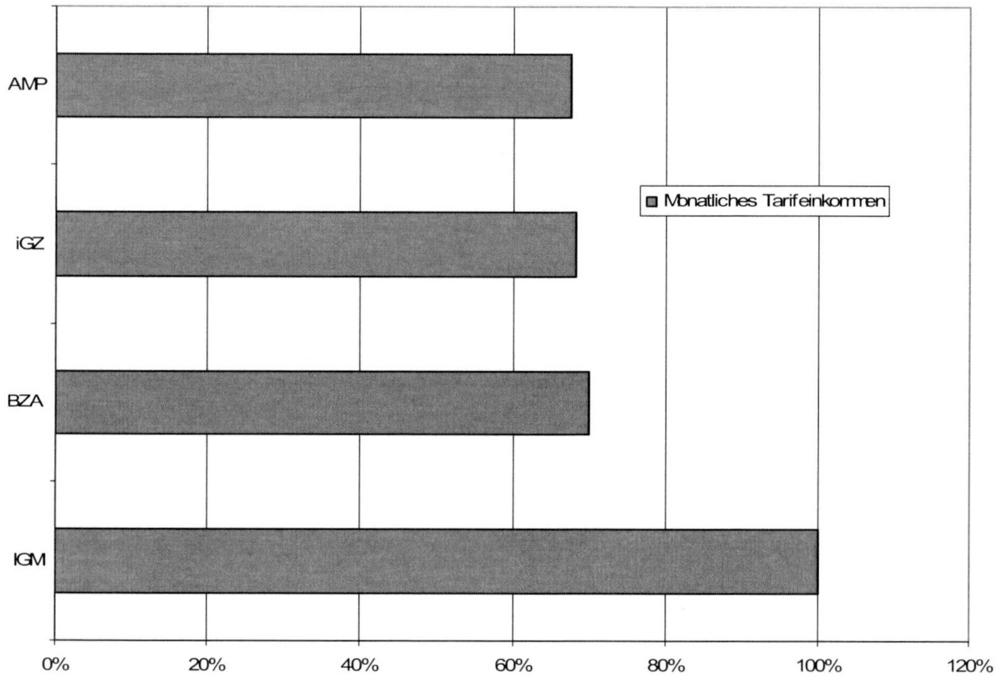

Auch diese Gegenüberstellung der IG Metall aus dem Jahr 2007 verdeutlicht die enormen Lohnunterschiede. Danach entspricht eine Entlohnung auf Basis einer der 3 großen Flächentarifverträge der Zeitarbeit maximal 70% des Einkommens was einem internen Mitarbeiter der Metall- und Elektroenergiebranche zusteht[69].

4.3.6 Arbeitnehmerentsendegesetz und Mindestbedingungen in der Zeitarbeit

4.3.6.1 Aufnahme der Zeitarbeit ins Arbeitnehmerentsendegesetz

Das Arbeitnehmerentsendegesetz wurde ursprünglich eingeführt um Arbeitnehmern, die von im Ausland ansässigen Unternehmen nach Deutschland entsandt wurden, Mindestbedingungen zu sichern. Zunächst galt es v. a. in der Baubranche und sollte insbesondere vor ausländischer Konkurrenz, die Wettbewerbsvorteile aufgrund schlechterer Arbeitsbedingungen erzielten, schützen. Den entsendeten Arbeitnehmern muss gem. AEntsG ein Lohn nach einem in Deutschland für allgemeinverbindlich erklärten Tarifvertrag gezahlt werden.

[69] IG Metall, Schwarz-Weissbuch-Leiharbeit, September 2008, S. 15

Nach einer Gesetzesänderung zur Allgemeinverbindlicherklärung eines Tarifvertrages, eröffnete sich auch die Möglichkeit das AEntsG auf rein inländische Arbeitsverhältnisse anzuwenden. Dabei steht der Schutz vor ausländischer Konkurrenz nicht mehr im Fordergrund, sondern die Sicherstellung bestimmter Mindeststandards insbesondere eines Mindestlohns. Zunächst muss dazu jedoch die entsprechende Branche in das Gesetz aufgenommen werden. Bis März 2008 konnten die Sozialpartner der Branchen ihr Interesse an der Aufnahme in das AEntsG bekunden. Voraussetzung war zunächst, dass die Tarifparteien der Branche sich auf einen Mindestlohntarifvertrag einigen.

Auch die Zeitarbeitsbranche hat ihr Interesse an einer Aufnahme bekundet. Der IGZ und BZA haben dazu bereits 2006 einen Tarifvertrag mit dem DGB zur Regelung von Mindestarbeitsbedingungen in der Zeitarbeit vereinbart. Dieser soll durch Ausdehnung des AEntsG per Ministerbeschluss für allgemeinverbindlich erklärt werden. Gegen die Einführung solcher Mindeststandards sind der AMP und die CGZP.

Generell werden als Argumente gegen die Aufnahme ins AEntsG insbesondere wirtschaftliche Gründe aufgeführt. Das Institut der Deutschen Wirtschaft (2006: 2) befürchtet z.B.:

- einen Kostenanstieg, der für Personaldienstleister ggf. das Aus bedeutet;
- einen Wegfall der Nachfrage von Leiharbeit, ggf. sogar eine Verlagerung von Arbeitsplätzen ins Ausland;
- eine Verschlechterung der Beschäftigungschancen von gering Qualifizierten

Insgesamt wird also der Beschäftigungsbeitrag der Branche in Frage gestellt, für den Fall das Mindestarbeitsbedingungen, insbesondere Mindestlöhne, festgelegt werden.

Im Juni 2008 legte die Bundesregierung einen Entwurf zur Neufassung des AEntsG mit dem veränderten Titel „Gesetz über zwingende Arbeitsbedingungen für grenzüberschreitend entsandte und für regelmäßig im Inland beschäftigte Arbeitnehmer und Arbeitnehmerinnen“ vor. Ein spezieller Tarifausschuss soll sich nach dem neuen Gesetzt mit Aufnahmeanträgen der Branchen befassen. Ein Tarifvertrag soll nur dann durch Rechtsverordnung aufgrund des Arbeitnehmer-Entsendegesetz für allgemeinverbindlich erklärt werden können, wenn daran ein öffentliches Interesse besteht. Darüber hinaus soll es konkrete Kriterien zur Entscheidungsfindung geben, für den Fall das für konkurrierende Tarifverträge von verschiedenen Tarifvertragsparteien die Allgemeinverbindlichkeit angestrebt wird.

4.3.6.2 Die Wirkung von Mindestbedingungen

Der von IGZ/BZA und DGB 2006 vereinbarte Mindestlohn, der erst nach Allgemeinverbinlicherklärung des Tarifertrages zur Anwendung kommt, soll 7,15 € (West) bzw. 6,22 € (Ost) betragen. Der Vergleich zu den aktuellen Tariflöhnen zeigt, dass durch einen solchen Mindestlohn kein wirklicher Anstieg der Löhne erreicht werden kann. Überwiegend würde ein niedriges Niveau gehalten werden.

	iGZ/DGB	BZA/DGB	AMP/CGZP	Mindestlohn
Stundenlohn	7.15 €	7.38 €	7.07 €	7.15 €

Allerdings wären von einem branchenweiten Mindestlohn auch die zahlreichen Haustarifverträge des CGZP betroffen, die tlw. noch deutlich niedrigere Einstiegslöhne vorsehen. Eine Absenkung des Einstiegslohnes während der ersten Beschäftigungsmonate, so beim AMP-CGZP Tarifvertrag (- 9,5%), wäre dann ebenfalls nicht mehr möglich.

Ein wesentlicher Kostenanstieg für die Branche ist dementsprechend nicht erkennbar, so dass von einer Gefahr für den Zeitarbeitsmarkt nicht gesprochen werden kann. Die deutlichen Lohndifferenziale, als einer der maßgeblichen Gründe zum Einsatz von Zeitarbeitern, würden nach wie vor bestehen bleiben, so dass ein Reduzierung der Nachfrage nicht zu erwarten ist. Auch auf den Helferbereich, in dem in Deutschland die meisten Zeitarbeiter beschäftigt sind, wirkt sich der von IGZ, BZA und DGB angestrebte Mindestlohn nicht aus.

Das Verharren auf einem bereits sehr niedrigen Lohnniveau hilft sicherlich nicht dabei, die sozial- und ordnungspolitischen Fragezeichen der Zeitarbeit zu beseitigen. So ist sicherlich nicht zu erwarten, dass durch diesen Mindestlohn die Gefahr der Substitution von Kernbelegschaft durch externe Mitarbeiter behoben oder der dauerhafte Einsatz von Zeitarbeitern vermieden wird. Denn die deutlichen Lohndifferentiale bestehen weiterhin in fast unverändertem Umfang. Mindestbedingungen und -löhne schützen die Branche jedoch davor noch weiter in den Sumpf der prekären Beschäftigung zurutschen und unterbinden noch niedrigere Löhne, die tatsächlich existieren. Auch einem weiteren Anstieg des Drucks auf die Löhne und Gehälter der nicht-Zeitarbeiter wird vorgebeugt.

4.4 Beschäftigungsstabilität

Bei der angestellten Kostenbetrachtung drängt sich natürlich die Frage auf, warum ein Unternehmen teures Personal einstellen soll, wenn es dieses in bestimmten Bereichen durch wesentlich günstigeres ersetzen kann. Bisher galt eine Höchstüberlassungsdauer von 24 Monaten. War ein LAN 12 Monate in einem Entleihbetrieb eingesetzt, galten für ihn die gleichen Arbeitsbedingungen wie für die Stammbelegschaft des Entleihbetriebes. Da beide zeitlichen Begrenzungen mit der AÜG-Reform weggefallen sind, besteht nun die deutliche Gefahr, dass eine „prekäre“ Beschäftigungsstabilität quasi gesetzlich herbeigeführt wird.

Die bisherigen gesetzlichen Regelungen zielten darauf ab kurze Einsätze zu Bündeln und damit Dauerarbeitsplätze bei den Verleihern zu schaffen.[70] Dies ist nachweislich nicht gelungen. Aber auch mit den neuen Regelungen kann bisher kaum eine wesentliche Verlängerung der Beschäftigungszeiten in den Zeitarbeitsunternehmen festgestellt werden. Nach wie vor besteht der überwiegende Anteil an LAV nicht länger als 3 Monate. Die Da-

[70] Rudolph, Helmut: Befristete Arbeitsverträge und Zeitarbeit, in: Leiharbeit und befristete Beschäftigung, Düsseldorf, 2003, S. 21

ten über die Dauer der Zugehörigkeit zu einem Zeitarbeitsunternehmen und die großen saisonalen Schwankung belegen die der Zeitarbeit immanente Beschäftigungsunsicherheit. Zwar ist der Zugang zur Zeitarbeit offensichtlich leicht zu finden, ebenso schnell ist das Zeitarbeitsverhältnis aber auch wieder beendet.

Grundsätzlich unterliegen Zeitarbeitnehmer einem deutlich höheren Risiko ihr Beschäftigungsverhältnis zu verlieren. Denn sie sind abhängig von der Auftragssituation in den Entleihbetrieben und in den Verleihbetrieben. So überrascht es nicht, dass in der Zeitarbeitsbranche im Verhältnis mehr als doppelt so viele Kündigungen ausgesprochen werden als in der Gesamtwirtschaft und ca. 3-mal so viele Arbeitsverhältnisse befristet sind[71].

Ein mögliches Instrument, um die Instabilität in Grenzen abzufedern, sind die in den Tarifverträgen vereinbarten Zeitarbeitskonten. Darüber hinaus tragen auch bessere Beschäftigungsbedingungen (insbesondere beim Entgelt) für LAN dazu bei, dass diese selbst die Zeitarbeit nicht nur als eine Überbrückungsphase ansehen.

Nun stellt sich die Frage, inwieweit das Interesse an langfristigen LAV, der Gefahr von Substitutionseffekten bzgl. Kernarbeitsplätzen gegenübersteht. Einen „sicheren Arbeitsplatz zu haben", gehört zu den meist genannten Wünschen für das eigene Berufsleben. Fast gleichrangig daneben steht der Wunsch nach einem ausreichenden Einkommen. Genau darin kann ein Lösungsansatz für den scheinbaren Konflikt zwischen Beschäftigungsstabilität und Substitutionseffekt gesehen werden. Denn Zeitarbeitsbedingungen, die denen von Normalarbeitsverhältnissen annähernd entsprechen, insbesondere hinsichtlich der Entlohnung, würden es recht einfach machen auch längerfristige Entleiheinsätze zu akzeptieren. Damit einher gingen simultan auch längere LAV.

[71] Vgl. Kapitel 3.4

5 Zeitarbeitsnutzen aus Sicht der Ent- und Verleihbetriebe

5.1 Die Sicht der Entleihbetriebe

Der Einsatz von Zeitarbeit bietet für Unternehmen maßgeblich wirtschaftliche Vorteile:

- Sie erhalten bei Bedarf sehr kurzfristig Personal ohne selbst umfangreiche, kosten- und zeitintensive Auswahlverfahren durchführen zu müssen.
- Sie sind an „diese“ Mitarbeiter kaum gebunden. Sobald der Bedarf wieder entfällt, kann das Entleihverhältnis ohne Rücksicht auf Kündigungsschutzgesetze beendet werden. Damit entfallen auch die Entleihgebühren sofort.
- Zeitarbeit ermöglicht dem Unternehmen die eigenen Personalreserven auf ein Minimum zu beschränken ohne dabei an Flexibilität zu verlieren.
- Die Personalkosten der eigenen Mitarbeiter sind i. d. R. höher, als die Entleihgebühren für Zeitarbeiter[72].
- Lohnnebenkosten sowie Kosten für Entgeltfortzahlung entfallen
- Werden Leiharbeiter zur Erprobung für eine evt. spätere Übernahme eingestellt, ist mit der Erprobung kaum ein Risiko für das Unternehmen verbunden.

Die genannten wirtschaftlichen Vorteile müssen jedoch mit verschiedenen wirtschaftlichen Nachteilen abgewogen werden:

- Bei Abdeckung von Auftragsspitzen muss externes Personal jeweils neue eingearbeitet werden. Dies kann kosten- und zeitintensiv sein.
- Es besteht ein höheres Risiko von Fehlbesetzungen, da die Personalauswahl extern erfolgt.
- Die geringer entlohnten externen Mitarbeiter werden sich häufig als minderwertige Lückenbüßer fühlen, insbesondere wenn der Einsatz nur kurzfristig ist. Die dementsprechend geringere Motivation kann Auswirkungen auf die Produktivität haben. Auch die fehlende soziale Integration spielt hier eine wichtige Rolle.
- Das höher entlohnte interne Personal fühlt sich unter Druck gesetzt und muss sich ebenfalls ständig auf neue „Kollegen“ einstellen. Diese werden teilweise als Konkurrenz zur eigenen Stelle betrachtet. Dementsprechend kann es auch beim internen Personal zu Motivations- und Produktivitätsabfällen kommen.

Leiharbeit eignet sich daher insbesondere:

- für Tätigkeiten, die eine geringe Anlernzeit erfordern, bei denen Einarbeitungskosten und ggf. häufige Personalwechsel somit kaum ins Gewicht fallen
- für Stellen mit höherem Einarbeitungsaufwand nur dann, wenn diese langfristig besetzt werden sollen und können (nicht nur zur Abdeckung von Auftragsspitzen)

---

[72] Vgl. Kapitel 5.2

- um Mitarbeiter zu erproben
- wenn Personal sehr kurzfristig benötigt wird

Insbesondere die ersten beiden Punkte werden maßgeblich durch die derzeitige rechtliche und tarifliche Situation gestützt. Die niedrigen Tarifabschlüsse führen zu hohen Leiharbeiterzahlen im Helferbereich, wo Qualifikationsanforderungen und Einarbeitungszeiten gering sind und Personal auch kurzfristig wieder ersetzt werden kann. Dies bedeutet nicht, dass Zeitarbeiter hier nur zur Überbrückung eingesetzt werden. Häufig sind diese Stellen durchaus auf Dauer angelegt jedoch zeitgleich durch eine hohe Fluktuation geprägt.

Durch die Aufhebung der Höchstüberlassungsdauer ist es nunmehr möglich Zeitarbeit strategisch einzusetzen und langfristig Personalkosten zu senken, in dem auf günstigere Zeitarbeiter zurückgegriffen wird.

Laut dem 10. AÜG-Erfahrungsbericht der Bundesregierung werden dabei nicht nur Stammarbeitsplätze einfach durch LAN substituiert. Teilweise werden auch eigene Mitarbeiter zunächst erst gekündigt um sie dann über hauseigene Verleihgesellschaften zu ungünstigeren Bedingungen wieder einzustellen und an den alten Einsatzort zu entleihen. Ähnliche Transformationsprozesse wurden im öffentlich-rechtlichen Bereich aufgrund von Outsourcingmaßnahmen festgestellt[73].

Verschiedene Erhebungen zur Anpassung bei betrieblichem Personalbedarf zeigten, dass Unternehmen grundsätzlich internen Lösungen den Vorzug geben. Bei den externen Reaktionsmöglichkeiten wurden befristete Einstellungen und zusätzliche Aushilfskräfte eher gewählt als Zeitarbeit. Der Beschäftigungsanstieg in der Zeitarbeitsbranche ist demnach nicht maßgeblich auf die gestiegenen Flexibilitätsanforderungen an die Wirtschaft zurück zu führen.

5.2 Kostenvorteile

Allein diese allgemeinen Ausführungen zeigen:„Die in den vergangenen Jahren rasante Expansion der Zeitarbeit hing eben nicht nur mit einem größeren Bedarf nach flexibler Beschäftigung zusammen. Sie beruhte wesentlich auch auf den Lohndifferentialen zwischen den in Entleihbetrieben und den von den Verleihbetrieben gezahlten Löhnen.“[74]

Die Entlohnung des LAN hat wiederum Einfluss auf die Entgelte, die der Entleiher an das Zeitarbeitsunternehmen entrichten muss. Branchenüblich sind dabei Verrechnungssätze von ca. 200 % des Leiharbeitnehmerlohns.

[73] 10. AÜG-Erfahrungsbericht der Bundesregierung, BT-Drucks. 15/ 6008, S.22

[74] Stellungnahme iGZ e.V. zum 10. AÜG – Erfahrungsbericht der Bundesregierung für den Zeitraum 2000 bis 2004, 1.2.2005, S.6

Wird ein LAN z.B. in die Entgeltgruppe 5 des DGB – BZA Tarifvertrages eingruppiert, so ist für ihn damit zunächst ein Stundenlohn von 11, 20 € verbunden (2007, Westdeutschland). Dem Entleiher wird demnach i. d. R. ein Stundensatz von ca. 22,40 € berechnet.

Wird nun zugrunde gelegt, dass die Löhne der Zeitarbeiter ca. 60% [75]dessen Betragen, was an einen vergleichbaren Normalarbeitnehmer entrichtet werden muss, so ergibt sich daraus ein komparativer Normalarbeitslohnsatz von 18,70 €[76]. Zu den direkten Lohnkosten hat der Entleiher für einen eigenen Mitarbeiter jedoch noch Lohnzusatzkosten zu entrichten. Diese betrugen in Deutschland 2007 knapp über 40%. Werden diese Kosten berücksichtigt, würde die Arbeitsstunde des eigenen Mitarbeiters rund 26,20 € kosten. Bereits an dieser Stelle wird der Abstand zwischen den Löhnen deutlich: ca. 15%. Mit steigendem Verrechnungssatz fällt das Einsparpotential.

In der Zeitarbeit liegen für Unternehmen darüber hinaus noch zusätzliche Effizienzgewinne, wie oben beschrieben. Denn Aufwand für Personalbeschaffung, Personalverwaltung oder Kündigungsfristen fällt mit dem Einsatz von Fremdpersonal weitestgehend weg. Damit wird das Lohndifferenzial noch größer.

Eine Untersuchung des Zentrums für Europäische Wirtschaftsforschung aus dem Jahr 2003 bestätigt diese Werte[77]. Die Erhebung zeigt u. a. am Beispiel eines Schlossers, dass mehr als 35% der Zeitarbeitsfirmen mit Verrechnungssetzen arbeiten, die bis zu 10 % unter dem Betrag liegen, auf denen sich die gesamten Kosten einer Festanstellung eines vergleichbaren Arbeitnehmers belaufen würden. 28,6 % der Verrechnungssätze unterschritt Kosten für internes Personal sogar um bis zu 25%. Da das Lohnniveau sich nicht wesentlich verändert hat, sind die Ergebnisse der Studie auch heute noch aussagekräftig.

5.3 Gesamtwirtschaftlicher Nutzen aus Sicht der Zeitarbeitsverbände

Von den Vertretern der gewerblichen Zeitarbeit seit jeher postuliert wird das Argument „Zeitarbeit könne einen erheblichen Beschäftigungsbeitrag leisten“, wenn der rechtliche Rahmen (weiter) liberalisiert würde[78].

Aus Sicht der Zeitarbeitsvertreter stellten insbesondere das Synchronisations-, Wiedereinstellungs- und Befristungsverbot sowie die zeitliche Überlassungsbegrenzung, Hemmnisse für die Entfaltung des arbeitsschaffenden Potentials der Branche dar.

---

[75] Vgl. Kapitel 4.4.1

[76] Wird der durchschnittliche Stundelohn eine Arbeiters des verarbeitenden Gewerbes aus 2007 angesetzt (19,99 €/West) wird der Lohnkostenunterschied noch größer, insbesondere da in diesem noch keine Sonderzahlungen etc. enthalten sind.

[77] Zentrum für Europäische Wirtschaftsforschung: Perspektiven der Zeitarbeit, Mannheim Juli 2003

[78] Vgl. BZA: Gewerbepolitische Forderungen, August 2004, www.bza.de

Der Gesetzgeber gab diesem Ansinnen stetig nach, so dass die Höchstüberlassungsdauern sukzessive ausgedehnt und das Synchronisations- und Befristungsgebot gelockert wurden, bis sie mit dem 01.01. 2004 völlig entfallen sind.

Trotz der ständigen Liberalisierung ist bis heute jedoch kein wesentlicher zusätzlicher Beschäftigungsbeitrag erkennbar. Insbesondere der Bedarf an unbeschränkter Überlassung innerhalb der Einsatzbetriebe wurde begründet mit dem Schaffen neuer Dauerarbeitsplätze, denn Unternehmen würden dann auch länger Leiharbeit nachfragen.

Bereits in den Ausführungen zur Beschäftigungsstabilität in Kapitel 4.5 wurde darauf hingewiesen, dass Dauerleiharbeitsplätze nur dann wünschenswert sind, wenn sie einhergehen mit angemessenen Arbeitsbedingungen. Im Kontext der aktuellen Gegebenheiten, wächst jedoch das Risiko, dass der „günstigere" Zeitarbeiter Stammarbeitskräfte ersetzt.

Tatsächlich hat sich der Anteil der Arbeitsverhältnisse, die länger als 3 Monate bestehen, nicht entscheidend verändert. Dauerhafte Beschäftigung in einem bedeutenden Umfang entwickelte also sich nicht für Leiharbeitnehmer. Umgekehrt kann aus den kurzen Beschäftigungsdauern jedoch auch nicht zwingend geschlussfolgert werden, dass Zeitarbeit keine Gefahr für Stammarbeitsplätze bedeutet.

Diese Gefahr hat sich schon insofern als Tatsache erwiesen, dass Unternehmen durch die Möglichkeit der Zeitarbeit eigene Personalreserven abbauen, eigene Verleiheinheiten gründen und die Dauer der Entleiheinsätze v. a. bei den Intensivnutzern bzw. bei größeren Nutzerunternehmen gestiegen und v. a. höher und konstanter ist als bei kleineren Betrieben. Insgesamt stieg der Anteil der LAV, die länger als 3 Monate bestanden haben 2007 deutlich an[79]. Eine weitere Entwicklung bleibt abzuwarten.

5.4 Reflektion der Ent- und Verleihersicht

Bereits 1997 kam Rudolph zu der Einschätzung, dass die Expansion der Zeitarbeitsbranche nicht maßgeblich auf den gestiegenen Bedarf an Flexibilität in der Wirtschaft zurückgeht, sondern v. a. auf bestehende Lohndifferentiale. Die Ergebnisse der Untersuchung des Leiharbeitsmarktes in Kapitel 3 bestätigen dies und zeigen, dass Leiharbeitsplätze zunehmend strategisch und langfristig eingerichtet werden.

Es wird deutlich, dass Leiharbeiter, die günstiger sind als die internen Mitarbeiter und nun auch noch dauerhaft von einem Unternehmen entliehen werden können, Teile der Stammbelegschaft verdrängen können. In Krisenzeiten, wird diese Ressource, dann als erste wieder abgebaut.

Das Substitutionsrisiko ist insbesondere in den Berufsbereichen umso größer, die auf dem „Arbeitslosenmarkt" am häufigsten vertreten sind. Denn hier ist der Druck am größten für schlechtere Bedingungen zu arbeiten. Dementsprechend erklärt sich, dass der überwiegende

[79] Vgl. Kapitel 3.6

Anteil der Zugänge zur Zeitarbeit aus der Arbeitslosigkeit heraus erfolgt. Verschiedene Studien und Befragungen[80] haben ergeben, dass Leiharbeiter ihr Arbeitsverhältnis als Überbrückung empfinden, als eine Möglichkeit die Arbeitslosigkeit zu beenden und in ihrer Zeitarbeitstätigkeit eine Chance sehen wieder in ein festes Normalarbeitsverhältnis zu gelangen. Daher sind sie auch bereit schlechtere Arbeitsbedingungen hinzunehmen.

Neben der hohen Konkurrenz um Arbeit unter den Arbeitslosen, verstärkt sich insbesondere die Konkurrenzsituation mit „Normalbeschäftigten" in diesen Berufsbereichen. Diese erhöht sich umso mehr, umso größer der Unterschied zwischen den Löhnen interner Mitarbeiter und Zeitarbeitern ist, oder anders formuliert umso mehr der Entleiher bei einem externen Mitarbeiter einsparen würde.

Nach Angaben der Arbeitsmarktstatistik "Eckwerte über die Entwicklung am Arbeitsmarkt", sind die Dienstleistungsberufe sowie die Metallberufe / Elektriker / Montierer (eine Gruppe) regelmäßig die von Arbeitslosigkeit maßgeblich betroffenen Gruppen. In diesen Bereichen muss demnach der Beschäftigungsabbau in den vergangenen Jahren am größten gewesen sein. Gleichzeitig stellt die Metall- und Elektrobranche traditionell einen Hochlohnbereich dar[81].

Betrachtet man nun die Einsatzbereiche von LAN (Kapitel 3.5) zeigt sich, dass Zeitarbeit maßgeblich in der Fertigung (64%) eingesetzt wird und hier v. a. im Metall- und Elektrobereich. Dass es sich bei den betroffenen Arbeitsplätzen um vormals mit Stammarbeitnehmern besetzte Stellen handelt, kann mit den zur Verfügung stehenden Informationen nicht nachgewiesen werden. Die IG-Metall sprach in der Tat bereits 2003 davon, dass 70.000 LAN in den Metallberufen, zuvor als Stammarbeiter in den Betrieben tätig waren.

Für den Sektor der Helfertätigkeiten (Haupteinsatzgebiet für LAN; vgl. Kapitel 3.5) haben sich die Zeitarbeitslöhne im Vergleich zum ersten Arbeitsmarkt relativ verschlechtert, gleichzeitig kam es zu einem relativen und absoluten Ausbau der gering qualifizierten Beschäftigung. Bellmann und Kühl folgern: „Eine negative Korrelation zwischen Menge und Preis am Zeitarbeitsmarkt spricht dafür, dass diese Entwicklung eher von einem Angebotsschub als durch einen Nachfragezuwachs verursacht wird, der die sich stets verschlechternden Bedingungen am Arbeitsmarkt für sozialversicherungspflichtige Beschäftigung widerspiegelt."[82]

Ähnliches lässt sich auch auf den Dienstleistungssektor übertragen, dessen Beschäftigungszuwachs in der Leiharbeit maßgeblich auf einen Angebotszuwachs zurückzuführen ist.

[80] Noller, Peter; Vogel, Berthold; Kronauer, Martin: Zwischen Integration und Ausgrenzung - Erfahrungen mit Leiharbeit und befristeter Beschäftigung; Göttingen, 2004

[81] Rudolph, Helmut; Schroeder, Ester: Arbeitnehmerüberlassung: Trends und Einsatzlogik, in: Mitteilungen aus der Arbeitsmarkt- und Berufsforschung, 1997, S. 116 ff

[82] Bellmann, Lutz; Kühl, Alexander: Weitere Expansion der Zeitarbeit, Dezember 2007, S.13

Obwohl die meisten Arbeitslosen aus dem Dienstleistungsbereich und seit 2006 zunehmend auch aus dem Bereich der Warenkaufleute stammen, betrug der Anteil eingesetzter LAN in derartigen Tätigkeiten 2007 „nur“ 27 %. Das Lohndifferenzial ist hier bei weitem nicht so ausgeprägt, da insbesondere im Einzelhandel eher niedrige Löhne gezahlt werden und maßgeblich auf andere Formen a-typischer Beschäftigung zurückgegriffen wird (z.B. sogenannten „400 € -Jobs“. So sind die Dienstleistungsberufe frauendominiert mit deutlich mehr Möglichkeiten zur Teilzeitbeschäftigung. Der starke Anstieg der LAN im Dienstleistungsbereich (2003 wurden lediglich 13% der LAN in Dienstleistungsberufen eingesetzt), zeigt die Wirkung der letzten AÜG-Reform. Die Löhne sind danach nicht wesentlich gestiegen oder gesunken, sondern wurden v. a. auf einem niedrigen Niveau tarifvertraglich fixiert. Hinsichtlich der übrigen Arbeitsbedingungen sind jedoch zahlreiche Schutzmaßnahmen weggefallen, die nun einen Einsatz von Zeitarbeitern auch bei geringeren Lohndifferenzen deutlich interessanter machen.

Neben niedrigen Löhnen trugen also auch andere Arbeitsbedingungen zur Ausweitung der Leiharbeit bei. Maßgeblich ist hier sicherlich die Möglichkeit des unbefristeten Einsatzes von LAN zu nennen. Auch wenn die LAV nach wie vor nach ca. 3 Monaten beendet sind, macht die lange erhobene Forderung nach unbeschränkter Überlassungsdauer seitens der Zeitarbeitsunternehmen nur Sinn, wenn sich ihnen damit die Möglichkeit eröffnet über längere Zeit einen Arbeitsplatz beim Entleiher zu besetzen. Wird oder soll ein LAN auf Dauer eingesetzt werden, so geschieht dies gerade nicht mehr aus Gründen der Flexibilität. Allein die günstigeren Bedingungen für den Entleihbetrieb sind hier die entscheidenden Faktoren: Lohndifferential, keine Kündigungsfristen, keine Lohnfortzahlung bei Ausfallzeiten etc. Selbst, wenn diese Arbeitsplätze nicht zuvor mit einem internen Beschäftigten besetzt war, so verhindert Leiharbeit dann die Schaffung neuer Stammarbeitsplätze und setzt gleichzeitig die Mitarbeiter unter Druck, die im Unternehmen zu „teureren“ Bedingungen beschäftigt sind.

Leiharbeit trägt also zur Etablierung von niedrig entlohnter Beschäftigung und/oder Beschäftigung zur schlechteren Arbeitsbedingungen bei ohne dass nennenswerte Beschäftigungszuwächse auf dem Gesamtarbeitsmarkt zu erkennen sind. Es steigt nicht nur das Risiko der Verdrängung und Substitutionen. Derartige Prozesse haben in der Realität bereits begonnen, was inzwischen auch von Politik und Gesetzgebung erkannt wurde[83].

---

[83] 10. AÜG-Erfahrungsbericht der Bundesregierung, BT-Drucks. 15/ 6008, S. 22

6 Wiedereingliederungsorientierung als ein Element sozialverträglicher Gestaltung

6.1 Wiedereingliederungschancen durch Zeitarbeit aus theoretischer Sicht

„Durch Arbeitnehmerüberlassung werden Arbeitslose wieder in den Arbeitsmarkt integriert“.

Die gewerbliche Zeitarbeitsbranche bedient sich gerne dieser Aussage um für eigene Zwekke, d. h. vollständig deregulierte Zeitarbeit, keine Tarifpflicht, niedrige Löhne etc. zu werben.

Dabei wird insbesondere auf den sog. „Klebeeffekt“ abgestellt. In der Diskussion über akzeptable Arbeitsbedingungen und einen sinnvollen Einsatz von Zeitarbeit wird sich damit auf eine „der Zweck heiligt die Mittel“ – Ebene begeben. Eine solche Debatte ist nicht nur für alle betroffenen (Leih)Arbeitnehmer bzw. potentiellen Zeitarbeiter (=Arbeitslose) negativ sondern erweckt in der Öffentlichkeit auch falsche Vorstellungen von gewerblicher Zeitarbeit. Deren unternehmerischer Zweck ist vorrangig das Generieren von Gewinnen aus dem Verleih bzw. das zeitlich begrenzten Abdecken von Auftragsspitzen.

Dem steht das Interesse der Integration von LAN in ein festes Arbeitsverhältnis grundsätzlich gegenüber. Wird ein LAN zu einem festen Mitarbeiter im ehem. Entleihbetrieb, entfällt für das Verleihunternehmen damit ein Umsatzanteil. Es wird diesen Vorgang daher nur sehr beschränkt selbst fördern. Gleiches gilt, wenn ein LAN in einem anderen Unternehmen beschäftigt wird. Eine Einstellung spricht immer auch für die Qualifikation des Eingestellten. Die Verleihfirmen sind auf qualifizierte Mitarbeiter jedoch angewiesen.

Ungeachtet der Argumentationspolitik der Zeitarbeitsverbände, besitzt Zeitarbeit jedoch in der Tat ein Integrationspotential, was arbeitsmarktpolitisch genutzt werden kann.

6.1.1 Beschäftigungsaufnahme durch Zeitarbeit

Wie die Arbeitnehmerüberlassungsstatistik zeigt, finden ca. 65% aus der Arbeits- bzw. Erwerbslosigkeit heraus den Zugang zur Leiharbeit. D. h. grundsätzlich werden Arbeitslose zunächst durch Verleiheinsätze in Beschäftigung gebracht. In wie weit der Einsatz gesamtwirtschaftlich und damit auch für den Arbeitsmarkt positiv zu bewerten ist, hängt einerseits von den Gründen ab aus welchen der Entleihbetrieb Zeitarbeiter einsetzt, andererseits von den Arbeitsbedingungen des Zeitarbeiters (vgl. Kapitel 4 und 5). Eine Etablierung auf niedrigstem Lohnniveau mit hoher Beschäftigungsinstabilität und auch sonst nachteiligeren Arbeitsbedingungen, kann nicht als wünschenswerte Integration in den Arbeitsmarkt betrachtet werden.

6.1.2 Chancen des Übergangs

Für einen vormals Arbeitslosen bedeutet ein Beschäftigungsverhältnis immer eine Chance. Bereits 1987 führten SCHULZE – BÖING und WOHLRAB[84] aus:

„Für den Arbeitsmarkt erfüllt Leiharbeit unter anderem auch die Funktion, zwischen verschiedenen Teilarbeitsmärkten zu vermitteln, die zunehmend voneinander abgeschottet sind: zwischen dem Arbeitsmarkt für instabile, befristete, randständige Beschäftigung, der für längerfristige Arbeitslose mittlerweile fast der einzige zugängliche geworden ist, und dem für stabile, abgesicherte und dauerhafte Beschäftigung, der einem immer kleineren Kreis von Arbeitnehmern vorbehalten bleibt."

Eine SOFI-Umfrage unter Zeitarbeitern nach deren Motivation ein LAV zu schließen, ergab, dass 16% der Befragten keine Alternative zur Zeitarbeit sehen, 24% über die Zeitarbeit einen Einstieg in das Erwerbsleben sehen und 28% Leiharbeit als Notlösung betrachten um überhaupt Arbeit zu haben (Grimm: 2003).

Worin genau bestehen grundsätzliche Chancen?

Antwort:

1. Insbesondere Langzeitarbeitslose standen eine erhebliche Zeit außerhalb der Berufswelt. Es mangelt ihnen damit an praktischen Qualifikationen, v. a. auch aufgrund der hohen Geschwindigkeit in der sich Tätigkeitsanforderungen verändern. Durch einen betrieblichen Verleiheinsatz wird dem entgegen gewirkt und es steigt die Möglichkeit, auch in anderen Wirtschaftszweigen eingestellt zu werden.

2. Auf eine vakante Stelle bewerben sich sowohl Beschäftigte, die einen Arbeitsplatzwechsel anstreben, als auch Arbeitslose. In Zeiten hoher Arbeitslosigkeit, führt dies zu einer gestiegenen Konkurrenzsituation unter Arbeitslosen. Insgesamt neigen Arbeitgeber dazu arbeitslose Bewerber kritischer zu hinterfragen als Arbeitsplatzwechsler, obwohl die Arbeitslosigkeit allein noch nichts über ihre Leistungsfähigkeit und –bereitschaft aussagt. Noch höhere Hürden haben Arbeitslose zu überwinden, die neben der Arbeitslosigkeit mit weiteren Schwierigkeiten zu kämpfen haben, wie z.B. Alter, geringe Qualifikation oder die Dauer der Arbeitslosigkeit. Zeitarbeit rekrutiert maßgeblich Arbeitslose, da bei diesen die Bereitschaft zu instabilen und meist geringer entlohnten Beschäftigungsverhältnissen größer ist[85]. Ein Zeitarbeitseinsatz bietet die Möglichkeit die eigene Leistungsfähigkeit in der Praxis zu beweisen. Der so genannte Klebeeffekt hat sich dann realisiert, wenn LAN zu Festangestellten des Entleihbetriebes werden.

---

[84] Schulze-Böing; Wohlrab 1997, S. 85 ff.

[85] Noller, Peter; Vogel, Berthold; Kronauer, Martin: Zwischen Integration und Ausgrenzung - Erfahrungen mit Leiharbeit und befristeter Beschäftigung; Göttingen, 2004: Die Alternative der Arbeitslosigkeit wird als nachrangig bewertet. Lieber zu schlechten Bedingungen arbeiten als gar nicht.

3. Unternehmen besitzen am Einsatz von Zeitarbeit ein vielfältiges Interesse (Vgl. Kapitel 3, 4 und 5). Im Gegensatz zu einigen anderen arbeitsmarktpolitischen Wiedereingliederungsmaßnahmen stehen sie daher der Zeitarbeit offener gegenüber.

6.1.3 Förderung der Integrationschancen

Wie beschrieben ist es nicht maßgebliches Interesse der gewerblichen Zeitarbeitsunternehmen, den Übergang in andere Beschäftigungsverhältnisse zu fördern. Sozialverträgliche Arbeitnehmerüberlassung zeichnet sich daher insbesondere durch die bewusste Unterstützung der Brückenfunktion von Leiharbeit aus. Minimalistisch betrachtet dürfen zumindest keine zusätzlichen Hemmnisse für einen Übergang bestehen.

Einige Möglichkeiten zur Förderung der Integration sollen im Folgenden beschrieben werden.

6.1.3.1 Gesetzliche Regelungen

Keine Vermittlungsprovisionen zwischen Ent- und Verleiher

§ 9 Nr. 3 AÜG erklärt Vereinbarungen für unzulässig, die dem Entleiher eine Übernahme des LAN, zu einem Zeitpunkt in dem kein Arbeitsverhältnis zuwischen LAN und Verleiher besteht, zu untersagen. Zulässig hingegen sind Vereinbarungen über Provisionen, wenn ein zuvor an den Betrieb verliehener LAN in eine feste Anstellung bei diesem übernommen wird. Aus rechtlicher Sicht ist eine solche Regelung konsequent[86], da die entgeltliche Arbeitsvermittlung auch zulässig ist. Jedoch hemmen derartige Vermittlungsprovisionen den Übergang vom Zeitarbeiter zum Stammarbeiter. Soll Zeitarbeit als arbeitsmarktpolitisches Mittel zur Förderung der Wiedereingliederung dienen, so dürfen keine Vergütungen für die Übernahme anfallen.

Keine Nachteile durch direkten Übergang

Gem. § 9 Nr. 4 AÜG sind auch Vereinbarungen zwischen Verleiher und LAN unwirksam, die den Übergang in eine Anstellung zum Entleiher für einen Zeitpunkt untersagen, in dem zwischen LAN und Verleiher kein Arbeitsverhältnis besteht. Dass eine Vermittlungsprovision zwischen LAN und Verleiher nicht vereinbart werden darf, ergibt sich bereits aus der Gesetzessystematik, denn ansonsten würde auch Nr. 4 eine diesbezügliche Erlaubnis zu entnehmen sein[87].

---

[86] Vgl. BZA, über: www.bza.de, Pressemitteilung vom 17.10.2003

[87] Im Richtlinienentwurf der Europäischen Kommission über die Arbeitsbedingungen von Leiharbeit, ist in Artikel 6 Nr.3 ein ausdrückliches Verbot diesbezüglich enthalten.

6.1.3.2 Hemmende Regelungen in Tarifverträgen

Alle Flächentarifverträge enthalten Tatbestände, die zwar rechtlich zulässig sind, aber faktische Hindernisse für die Wiedereingliederung darstellen:

Minusstunden

Weißt das Arbeitszeitkonto eines LAN Minusstunden aus, so werden diese bei selbst zu verantwortender Kündigung des Mitarbeiters, in verschiedenen Umfängen bei der nächsten Gehaltsabrechnung zum Abzug gebracht. Der Abzug erfolgt auch bei Eigenkündigung des Mitarbeiters, wenn er eine reguläre Beschäftigung in einem anderen Wirtschaftszweig gefunden hat[88].

Freiwillige Gratifikationen

Scheidet der Mitarbeiter bis zum 31. März aus dem Zeitarbeitsunternehmen aus, so ist er zur Rückzahlung der Jahressonderzahlung verpflichtet, wenn die Beendigung nicht aufgrund einer betrieblichen Kündigung erfolgte. Auch hier hat der LAN finanzielle Einbusen hinzunehmen, wenn er die Möglichkeit der Aufnahme einer regulären Beschäftigung hat.

Beide Regelungen sind in anderen Branchen durchaus nicht unüblich und somit nicht grundsätzlich als sozialunverträglich zu bezeichnen. Da die Zeitarbeitsbranche jedoch selbst mit dem „Klebeeffekt" argumentiert, sind derartige Vereinbarungen widersprüchlich.

Niedrigstlöhne

Die seit 2004 überwiegend tariflich geregelten Löhne sind wie in Kapitel 4 und 5 beschrieben überwiegend sehr niedrig. Insbesondere, da die meisten Einsätze im Helferbereich erfolgen, die eine Eingruppierung in den ersten Entgeltgruppen mit sich bringen. Niedrige Löhne können jedoch erheblich das Interesse des Entleihers an einer Übernahme des LAN senken, zumal seit 2004 die Überlassung zeitlich unbeschränkt erfolgen kann. Insbesondere bei einem breiten Einsatz von LAN im Niedrigqualifikationsbereich besteht die Gefahr, dass diese Arbeitsplätze kontinuierlich mit Zeitarbeitern besetzt werden. Diese führt möglicherweise zu Dauerarbeitsplätzen beim Zeitarbeitsunternehmen, jedoch ist eine solche Integration auf Basis von Löhnen, die am Rande des Existenzminimums liegen, abzulehnen.

6.1.3.3 Generelle Fördermöglichkeiten

Qualifikationsförderung

LAN weißen häufig ein Mangel an Qualifikation auf. Dies gilt insbesondere umso mehr, umso stärker sich beim Verleih auf Problemgruppen[89] des Arbeitsmarktes konzentriert

[88] Vgl. Tarifwerke des BZA/iGZ-DGB

[89] Der DGB betrachtet als Solche: Geringqualifizierte, Langzeitarbeitslose, Berufsrückkehrer, Ältere, Ausländer, Jugendliche unter 25 Jahren, gesundheitlich Beeinträchtigte

wird. Das Qualifikationsdefizit setzt sich aus einem Mangel an fachlichem Wissen, praktischen Fertigkeiten oder an einem allgemeinen beruflichen Erfahrungsmangel zusammen. Diese können sowohl in der persönlichen Konstitution begründet sein, d. h. Alter, Behinderung, keine Ausbildung etc., oder in der Arbeitslosigkeit selbst liegen. Denn letztere führt zu einem Qualifikationsverlust, da vorhandene Fähigkeiten nicht angewendet werden können und verhindert gleichzeitig die Möglichkeit mit den geänderten Anforderungen des jeweiligen Berufes Schritt zu halten.

Als ein zentrales Element sozialverträglicher Leiharbeit, wird daher die Weiterbildung der LAN angesehen. Durch Artikel 6 Nr. 5 des Richtlinienentwurfs der Europäischen Kommission über die Arbeitsbedingungen von Leiharbeitnehmern, wird der Qualifikation von Zeitarbeitern ein besonderer Stellenwert zugeordnet. In wie weit nun nach in Kraft treten der Richtlinie tatsächlich auch in Deutschland Strukturen für die Qualifizierung von Zeitarbeitnehmern geschaffen werden, ist fraglich. Denn die Mitgliedstaaten haben ihre Pflicht bereits erfüllt, wenn sie diesbezüglich den Dialog zwischen den nationalen Sozialpartnern fördern.

In der Praxis kommt die Weiterbildung von Zeitarbeitern bei gewerblichen Unternehmen insbesondere häufig deshalb zu kurz, da nicht eindeutig erkennbar ist, wem in dem Dreiecksverhältnis der Nutzen zukommt. Die Expertenkommission "Finanzierung lebenslangen Lernens“ empfiehlt die Einrichtung eines Branchenfonds in den ein bestimmter Prozentsatz der Lohnsumme vom Arbeitgeber eingezahlt wird. Dieser soll von den Sozialpartnern der Branche verwaltet werden und in verleihfreien Zeiten zur Weiterbildungsfinanzierung genutzt werden. Auch eine Aufnahme von Weiterbildung und Qualifikation in die Tarifverträge wäre förderlich. So besteht in den Niederlanden z.B. nicht nur ein Weiterbildungsfond sondern auch ein tarifliches Anrecht der Zeitarbeiter auf Weiterbildung.

Aktive Förderung von Übernahmen

Darüber hinaus besitzen die Verleihunternehmen stets die Möglichkeit über ihren Kontakt zu den Entleihbetrieben die Übernahmenchancen zu erfragen oder zu verstärken. Die tatsächliche Umsetzung einer solchen Forcierung wird sich wohl aber auf Zeitarbeitsunternehmen beschränken, die ihren Zweck maßgeblich auf die Wiedereingliederung ausrichten.

Vermittlungsprovision durch die Arbeitsagenturen

Aus Sicht der Verleihbetriebe besteht nur dann ein Anreiz an Integration, wenn damit ein wirtschaftlicher Mehrwert verbunden ist. Die Steigerung der eigenen Reputation allein ist dabei ungenügend. Ein solcher Anreiz könnte z.B. in einer Vermittlungsprovision für erfolgreiche Integration von zuvor Arbeitslosen liegen, die seitens der Arbeitsagenturen an die Verleihbetriebe gezahlt wird. Vorausgesetzt diese Zahlungen sind geknüpft an

- eine Übernahme innerhalb eines bestimmten Zeitraumes
- einen unbefristeten Arbeitsvertrag mit dem übernehmenden Unternehmen
- eine Mindestdauer des neuen Arbeitsverhältnisses
- keine Nachteile für LAN für den Fall, dass keine Übernahme zustande kommt.

Möglicherweise wäre dies Anreiz genug für den Verleiher insbesondere die Integration von zuvor Arbeitslosen zu fördern. Da diese Gruppe der Zeitarbeiter die meisten Anteile auf sich vereint, besteht hier ein großes Potential. Zumindest würde es jedoch die Zeitarbeitsunternehmen stärken, die ihre Verleihtätigkeit bewusst auch auf die Integration ausrichten. Seitens des Entleihbetriebes besteht in der zuvor risikolosen Erprobung genügend Anreiz zum Einsatz von Zeitarbeitern und an den „gesparten“ Personalrekrutierungskosten.

Der Zeitraum innerhalb der eine Übernahme erreicht werden muss, sollte sicherlich so gewählt sein, dass den Zeitarbeitsunternehmen eine gewisse Periode zur Amortisierung der eigenen Kosten verbleibt.

6.2 Empirische Bestätigung des Wiedereingliederungspotentials

Genaue Angaben bzgl. des Wiedereingliederungserfolgs der Zeitarbeit existieren nicht, da die AÜG – Statistik bisher nicht die Gründe für eine Beendigung eines Leiharbeitsverhältnisses erfasst.

Verschiedene Stichprobenbefragungen und Untersuchungen weißen eine Wiedereingliederungsquote zwischen 18% und 30 % aus. Die Verleihbranche selbst spricht von 30%. Promberger kommt in seiner Studie von 2006 auf Basis des IAB-Betriebspanels 2003 auf eine direkte Integrationsquote von 15%.[90]

Aufgrund des Datenmangels soll an dieser Stelle nicht weiter auf das tatsächliche Integrationspotential eingegangen werden. Es wird hingegen auf die Ausführungen über die START Zeitarbeit NRW GmbH in Kapitel 7 verwiesen.

6.3 Die Personal Service Agenturen

6.3.1 Das Konzept

Die Personal Service Agenturen basieren auf den Vorschlägen der Hartz – Kommission und sind wesentlicher Bestandteil des Ersten Gesetztes für moderne Dienstleistungen am Arbeitsmarkt. Aus der Gesetzesbegründung ergeben sich unmittelbar die Ziele, die mit ihrer Einrichtung erreicht werden sollten:

---

[90] Vgl. Rudolph, Helmut; Schroeder, Ester: Arbeitnehmerüberlassung: Trends und Einsatzlogik, in: Mitteilungen aus der Arbeitsmarkt- und Berufsforschung, 1997, S. 116 ff ; sowie

Neunter Bericht der Bundesregierung über Erfahrungen bei der Anwendung des Arbeitnehmerüberlassungsgesetzes – AÜG – sowie über die Auswirkungen des Gesetzes zur Bekämpfung der illegalen Beschäftigung – BillBG; BT – Ds. 14/ 4220, S. 15; sowie

Promberger, Markus: Leiharbeit im Betrieb, Juli 2006

“Zeitarbeit ist ein erfolgsversprechender Weg, vorhandene Beschäftigungspotentiale, die z. B. durch Überstunden abgedeckt werden, für zusätzliche Beschäftigung von arbeitslosen Frauen und Männern zu erschließen. Das Gesetz schreibt deshalb vor, Personal-Service-Agenturen in jedem Arbeitsamtsbezirk zu errichten. Vermittlungsorientierte Zeitarbeit soll insbesondere als Brücke aus der Arbeitslosigkeit in Beschäftigung genutzt werden. Zugleich bietet sie eine neue Möglichkeit einer praxisorientierten, betriebsnahen Qualifizierung.“[91] Darüber hinaus gelten für eine PSA die gleichen Rechtsgrundlagen wie für sonstige Zeitarbeitsfirmen.

Bei der Umsetzung der PSA soll auf das Potential der gewerblichen Zeitarbeitsbranche zurückgegriffen werden, so dass PSAs nur in Ausnahmefällen von den Agenturen für Arbeit selbst geführt werden. Dazu wurde ein freihändiges Vergabeverfahren mit öffentlichem Teilnahmewettbewerb nach der VOL/A durchgeführt.

Die PSA befasst sich ausschließlich mit Arbeitslosen und insbesondere mit Beschäftigungsfähigen, die für die Agentur für Arbeit nicht kurzfristig vermittelbar sind[92].

Nach erfolgter Einstellung in die PSA suchen die Personaldisponenten nach geeigneten Einsätzen. Um die wirtschaftliche Belastung für die PSA während einsatzfreier Zeiten zu verringern, wird jeder PSA – LAN sechs Monate lang durch die Arbeitsagentur bezuschusst. Neben diesen Fallpauschalen können Integrationsprämien entrichtet werden. Diese werden in zwei Raten – nach 6-wöchigem und 6-monatigem Bestehen des neuen Arbeitsverhältnisses – bezahlt. Konnte der LAN nach 6 Monaten nicht den Übergang in ein reguläres Arbeitsverhältnis finden, wird er i.d.R. an das Arbeitsamt zurückgewiesen. Es handelt sich also um befristete Einstellungen.

Die verleihfreien Zeiten sollen so gering wie möglich gehalten werden. Treten sie doch ein, so soll die PSA den LAN intensiv Betreuen und die Zeiten durch arbeitsmarktorientierte Integrationsbemühungen und Kurzzeitqualifikationen[93] überbrücken.

6.3.2 Anspruch und Wirklichkeit

Zwar konnte in jedem Agenturbezirk, wie 2003 geplant, eine PSA errichtet werden, jedoch wurde die ursprünglich angestrebte Zahl von 50.000 Beschäftigten in PSAs nie erreicht.

Aufgrund von Mitnahmeeffekten wurde bereits 2005 das System der Fall- und Vermittlungspauschalen abgeändert. So werden seitdem Vermittlungsprämien nicht mehr bereits nach dem 1. Arbeitstag gezahlt und die Aufwandspauschalen nun taggenau abgerechnet.

---

[91] Deutscher Bundestag: Entwurf eines Ersten Gesetztes für moderne Dienstleistungen am Arbeitsmarkt, 2002, BT – Ds. 15/25, S. 23, 24

[92] Bekanntmachung der BA Dortmund zur freihändigen Vergabe der Einrichtung von Personal-Service-Agenturen, April 2004, lit. c,

[93] ebd.

Die ursprünglich degressive Entwicklung der Pauschalen und Prämien sollte eigentlich dazu beitragen, dass eine möglichst rasche Integration erfolgt. Es war teilweise aber durchaus trotzdem lukrativ nicht zu vermitteln, sondern den PSA-Angestellten über die ursprünglichen 9 Monate zu beschäftigen, Auch deshalb kam es zu einer Reduzierung auf 6 Monate.

Bei der Ausschreibung der PSA-Aufträge 2005 setzten sich auch Unternehmen durch, die sich mit extrem niedrigen Vermittlungsprämien bewarben. Offensichtlich liegt hier das Interesse nicht in einer Vermittlung sondern in der Mitnahme der 6-monatigen Förderung als eine Art Lohnkostenzuschuss. Daneben geben viele PSAs die Zuschüsse über niedrigere Verrechnungssätze an die Entleihbetriebe weiter. Der Bericht der Bundesregierung zur Wirksamkeit moderner Dienstleistungen am Arbeitsmarkt 2006 konstatierte dementsprechend, dass in den Ausschreibungsverfahren zu wenig Wert auf die Vermittlungsorientierung der PSA gelegt wurde.

Eine Analyse der Jahre 2003/2004 ergab, dass PSA-Mitarbeiter „später als vergleichbare andere Arbeitslose ihre Arbeitslosigkeit bzw. PSA-Beschäftigung durch eine Integration in Erwerbstätigkeit beendeten."[94] Auch konnte bisher nicht nachgewiesen werden, dass die „Integration von PSA-Beschäftigten in Erwerbstätigkeit stabiler ist als bei Vergleichsgruppen."[95]

Laut einer Umfrage unter Führungskräften von Arbeitsagenturen blieben die Verleihzeiten hinter den Erwartungen zurück. Die Kosten wurden im Vergleich zu anderen Integrationsinstrumenten als zu hoch angesehen. Seit 2006 steht es den Arbeitsagenturen frei, ob sie eine PSA in ihrem Bezirk führen oder nicht. Ausgehend von dem eben gesagten, ist es daher nicht überraschend, das lediglich 39% der befragten Agenturen weiterhin eine PSA in ihrem Bezirk führen wollen. Rund 60 % halten reguläre Eingliederungszuschüsse für Zeitarbeitsfirmen für wirtschaftlicher als PSAs zu unterhalten.

Die Erfahrungen mit den PSAs zeigen, dass wiedereingliederungsorientierte ANÜ die maßgeblich auf Lohnsubvention beruht, nicht zu dem gewünschten Erfolg führt. Es bedarf eines ganzheitlichen Konzeptes, wie es im folgenden Kapitel an Hand der Start Zeitarbeit NRW GmbH beschrieben wird.

---

[94] Bericht 2005 der Bundesregierung zur Wirksamkeit moderner Dienstleistungen am Arbeitsmarkt BT-Drucks.16/505, S. 86 ff

[95] ebd.

7 START Zeitarbeit NRW GmbH

7.1 Einleitung

In den vorangestellten Kapiteln wurde bereits deutlich, dass ein Großteil der Verantwortung zur Realisierung sozialverträglicher Zeitarbeit beim Gesetzgeber liegt, der einen gesamtwirtschaftlich und gesellschaftspolitisch sinnvollen Rahmen für die Arbeitnehmerüberlassung schaffen kann. Zur Schaffung von sozialverträglicher Arbeitnehmerüberlassung können, und auch das wurde bereits deutlich, ebenso die beteiligten Wirtschaftssubjekte beitragen.

Aber: Lässt sich sozialverträgliche und wiedereingliederungsorientierte Arbeitnehmerüberlassung tatsächlich erfolgreich unter den Bedingungen des Marktes, d. h. binnen des bestehenden Systems, realisieren?

Um diese entscheidende Frage zu beantworten soll die „START Zeitarbeit NRW GmbH" und deren Konzept zur sozialverträglichen, eingliederungsorientierten Leiharbeit im folgenden dargestellt.

7.2 Der Start von START

Aufgrund der allgemeinen Abwehrhaltung gegenüber Zeitarbeit, insbesondere von Seiten der Gewerkschaften, konstituierte sich in Deutschland nur sehr langsam ein breiteres, positives Umfeld für sozialverträglich gestaltete Arbeitnehmerüberlassung. 1991, während eines Workshops des Gelsenkirchener Instituts „Arbeit und Technik", referierten zwei Vertreter der niederländischen START („Stichting Uitzendbureau Arbeidsvoorziening") erstmals vor größerem Publikum. Deren praktische Erfahrungen, sowie der Umstand, dass diese Zeitarbeitsorganisation von Arbeitgebern, Gewerkschaften und der öffentlichen Hand gemeinsam getragen wurde, leisteten große Überzeugungsarbeit und trugen maßgeblich dazu bei, dass 1992 in Gronau die erste deutsche Niederlassung[96] gegründet wurden. Basis der Arbeit von START in Deutschland sollte wie in den Niederlanden ein weites Feld von Unterstützern aus Gewerkschaften, Arbeitgeberverbänden, Arbeitsverwaltungen und regionalen Akteuren[97] sein.

Zunächst mussten jedoch einige Hürden überwunden werden:

Die Anpassung der niederländischen Arbeitsweise an das deutsche Arbeitnehmerüberlassungsgesetz, die Erfüllung der Anforderungen des DGB-Landesbezirks Nordrhein-

---

[96] Krone, S.; Weinkopf, Claudia: START Zeitarbeit, Sozialverträgliche Arbeitnehmerüberlassung als arbeitsmarktpolitisches Instrument, Düsseldorf 1994, S. 18

[97] ebd., S. 21

Westfalen, die dieser als Bedingung für seine Unterstützung stellte, sowie die Überzeugung aller anderen späteren Beteiligten.

Zu den wesentlichsten Forderungen des DGB gehörten, dass START nicht gewinnorientiert arbeitet, der Verleih der Reintegration von Arbeitslosen dient und ausschließlich zuvor arbeitslose Personen eingesetzt werden, unter denen sich v. a. Problemgruppenzugehörige befinden. Darüber hinaus wurde eine enge Zusammenarbeit mit den Arbeitsverwaltungen verlangt, sowie eine tarifliche Entlohnung der Leiharbeitnehmer. Verleihfreie Zeiten sollten für Qualifizierungsmaßnahmen genutzt werden.

Die niederländische START sagte schließlich zu, sämtliche dieser Kriterien zu erfüllen. 1993 gab der Gesellschaftsvorstand bekannt, dass die „Stichting Uitzendbureau Arbeidsvoorziening", bisher alleiniger Gesellschafter in Deutschland, sich zurückziehen will und START Zeitarbeit von deutschen Gesellschaftern unter maßgeblicher Beteiligung von Arbeitgebern, Gewerkschaften und der öffentlichen Hand, fortgeführt werden soll.

Infolge dessen wurde Anfang 1995 die Landesgesellschaft „START Zeitarbeit NRW GmbH" mit den folgenden Gesellschaftern gegründet:

Gesellschafter*	Gesellschaftsanteil
Land Nordrhein-Westfalen	27,6 %
Kreis Wesel	9,05 %
DGB Landesbezirk Nordrhein-Westfalen	9,05 %
Landesvereinigung der Arbeitgeberverbände Nordrhein-Westfalen e. V.	9,05 %
Nordhrein-Westfälische Handwerkstag	9,05 %
Arbeitgeberverband Stahl e. V.	9,05 %
Stichting Uitzendbureau Arbeidsvoorziening	9,05 %
Bundesanstalt für Arbeit[98]	9,05 %
Nordrhein-Westfälische Städte- und Gemeindebund	9,05 %

Die doch recht kurze (Erprobungs-)Dauer des Modellprojektes stellte sicherlich eine der größten zu überwindenden Hürden in der Gründungsphase dar. Hinzu kam, dass das Risiko eine landesweite Gesellschaft mit zahlreichen Niederlassungen unter dem Gesichtpunkt der Sozialverträglichkeit erfolgreich und trotzdem wirtschaftlich zu betreiben, hoch war.

[98] Die Bundesanstalt für Arbeit schied 1997 aus. Bereits während der Gründungsphase kam es insbesondere Seitens der gewerblichen Konkurrenz zu massiven Protesten gegen die Beteiligung des Landesarbeitsamtes, als regionale Aufsichtsbehörde über die Zeitarbeitsbranche. Auf Weisung der

Gerade dies jedoch ist die Messlatte an der sich START seit jeher zu messen hat.

Parallel zur Gründungsentscheidung begannen sich die Rahmenbedingungen für Zeitarbeit in Deutschland deutlich zu verändern. Sowohl das Beschäftigungsförderungsgesetz von 1994 als auch später das Arbeitsförderungsreformgesetz von 1997 führten zu einer rechtlichen Liberalisierung der Arbeitnehmerüberlassung in Deutschland. Die Bedeutung und Akzeptanz des Leiharbeitsmarktes als ein Teilarbeitsmarkt nahm damit insgesamt zu. Wenn auch gesellschaftspolitisch fragwürdig, erleichterte dies grundsätzlich die Entstehung von Zeitarbeitsunternehmen.

Eine erhebliche (wirtschaftliche) Entlastung für den Gründungsprozess von START NRW brachte schließlich die „Richtlinie zur Förderung der Eingliederung schwervermittelbarer Arbeitsloser durch Darlehen und Zuschüsse an Gesellschaften zur Arbeitnehmerüberlassung“ (AüGRi) vom 24. August 1994. Auch wenn der Bundesrechnungshof 1997 in einer Mitteilung zur Haushalts- und Wirtschaftsförderung der Bundesanstalt für Arbeit den größten Teil der Zuwendungen nicht als sinnvoll ansah, sicherten sie doch START NRW die Gründungsphase. Ohne diese Zuschüsse und Darlehen, die später vollständig zurückgezahlten wurden, wäre ein förderungswürdiger Ansatz bereits in seinen Anfängen gescheitert.

Nachdem in der Pilotphase bereits vier Niederlassungen eingerichtet wurden, baute START NRW sehr rasch ein breites Filialnetz in ganz Nordrhein-Westfalen auf und begann 1995 seine Geschäftstätigkeit mit 22 Niederlassungen und der Zentrale in Duisburg. Heute gibt es START an 31 Standorten in NRW.

Bereits während der Pilotphase wurde das wichtigste Anforderungskriterium an einen (potentiellen) Niederlassungsstandort deutlich: Eine hohe Betriebsdichte, die eine gute Marktprognose ermöglicht. „Denn nur bei einer hohen Betriebsdichte ist ein ausreichendes Auftragsvolumen zu erwarten, um befristete betriebliche Arbeitseinsätze der Leiharbeitskräfte zu stabilen Beschäftigungsverhältnissen mit START zu bündeln, bis die Betroffenen von einem Betrieb in feste Beschäftigung übernommen werden.“[99]

Eine gleichsam hohe Bedeutung hat der Aufbau guter Beziehungen zu den arbeitsmarktpolitischen Akteuren. Sie stellen eine notwendige Basis für spätere wichtige Kooperationen dar. Dieses Bestreben zeigt sich auch heute noch an der aktuellen Zusammensetzung des Aufsichtsrates sowie an der Gesellschafterstruktur:

Bundesanstalt für Arbeit in Nürnberg, trat das Landesarbeitsamt NRW schließlich als Gesellschafter „zurück“.

[99] Krone, S.; Weinkopf, Claudia: START Zeitarbeit, Sozialverträgliche Arbeitnehmerüberlassung als arbeitsmarktpolitisches Instrument, Düsseldorf 1994, S. 62

Die Gesellschafter:

- Arbeitgeberverbands Stahl e. V., Düsseldorf.
- Land Nordrhein-Westfalen
- DGB Bezirk NRW
- Landesvereinigung der Arbeitgeberverbände NRW e. V.
- Arbeitgeberverband Stahl e. V.
- Nordrhein-Westfälischer Handwerkstag e. V.
- Landkreise NRW
- Städte- und Gemeindebund Nordrhein-Westfalen e. V.
- Deutscher Städtetag
- Arbeitsgemeinschaft der Spitzenverbände der Freien
- Wohlfahrtspflege des Landes Nordrhein-Westfalen
- Stadt Duisburg
- Evangelische Kirche im Rheinland

Der Aufsichtsrat:

- Dr. Wilhelm Schäffer (Vorsitzender)

Ministerium für Arbeit, Gesundheit und Soziales des Landes NRW

- Bernd Heller (stellvertretender Vorsitzender)

Arbeitnehmervertreter

- Walter Bourichter

Nordrhein-Westfälischer Handwerkstag e. V.

- Volker Becher

Arbeitgeberverband Stahl e. V.

- Andreas Eiffler

Finanzministerium des Landes NRW

- Ralf Woelk

DGB Bezirk NRW

- Werner Launer

Kreis Wesel

- Stephan Päsel

Arbeitnehmervertreter

- Thomas Walter

Arbeitnehmervertreter

7.3 Die Ziele der START Zeitarbeit NRW GmbH

„Gegenstand und Ziel des Unternehmens ist die dauerhafte Wiedereingliederung Arbeitsloser in das Erwerbsleben, wobei der Anteil schwervermittelbarer Arbeitsloser überwiegen muß“[100].

Verbunden sind damit u. a. folgende Teilziele:

- Begründung von Arbeitsverhältnissen mit schwervermittelbaren Arbeitslosen zum Zwecke der unmittelbaren Integration durch gemeinnützige Arbeitnehmerüberlassung
- Sozialverträgliche Gestaltung des Zeitarbeitsverhältnisses
- Qualifizierungsmaßnahmen in verleihfreien Zeiten
- Förderung der Integrationsfähigkeit durch Betreuung und Stabilisierung der Arbeitnehmer
- Zusammenarbeit mit Sozial- und Wirtschaftspartnern, Arbeitsverwaltung u. a.

Gesellschaftszweck ist demnach der Verleih von Arbeitnehmern an Drittunternehmen, mit dem primären Ziel der dauerhaften Integration in den ersten Arbeitsmarkt. Dabei sollen insbesondere Problemgruppen angesprochen werden.

Ziel des unternehmerischen Handelns ist also nicht die Gewinnmaximierung, gleichwohl strebt START jedoch ein wirtschaftlich gesundes und finanziell unabhängiges Bestehen an. Erwirtschaftete Überschüsse aus dem Verleih werden allerdings, nach Abzug der gesetzlichen Rücklagen und sonstige Verpflichtungen, zur Erfüllung der Gesellschaftsziele, insbesondere zur Finanzierung von Qualifikationsmaßnahmen reinvestiert.

Neben dem Integrations- und Wirtschaftlichkeitsziel, stand von Anfang an gleichbedeutend die Aufgabe der sozialverträglichen Gestaltung der Arbeitnehmerüberlassungsverhältnisse. Maßgeblich durch den gewerkschaftlichen Einfluss bedingt, wurde daher bereits in den Gründungsvertrag die Selbstverpflichtung zum Abschluss eines Haustarifvertrages aufgenommen.

[100] Gesellschaftsvertrag START Zeitarbeit NRW GmbH vom 20. Januar 1995; § 2

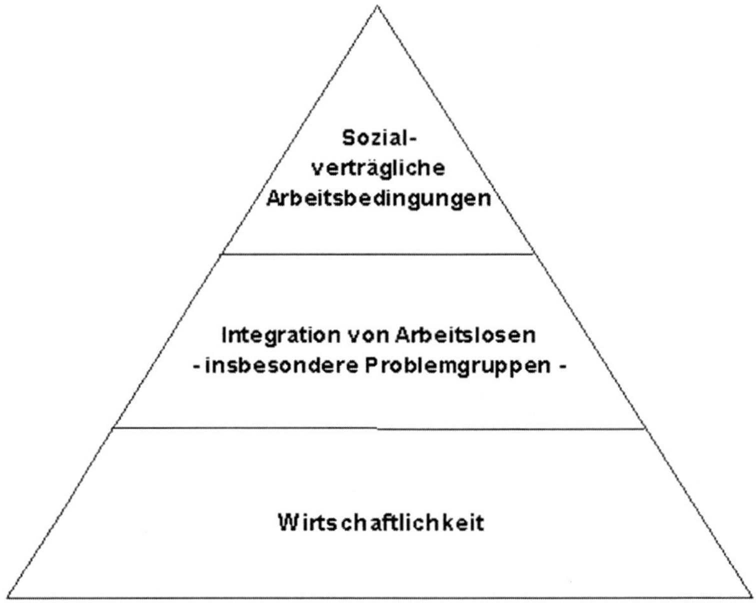

START NRW betreibt in diesem Sinne gemeinnützige Arbeitnehmerüberlassung ohne jedoch eine gemeinnützige GmbH zu sein. Zu Beginn der Gründungsphase wurden auch Überlegungen hinsichtlich einer möglichen gesellschaftsrechtlichen Gemeinnützigkeit angestellt. Die Entscheidung fiel letztlich aus ökonomischen Aspekten dagegen aus. START war zum damaligen Zeitpunkt mehr als ein arbeitsmarktpolitisches Instrument, es war ein Experiment. Ein Versuch aus sozialen und wirtschaftlichen Elementen und an dessen Ende, im Falle des Gelingens, ein wettbewerbsfähiges Unternehmen steht, welches seinen Gewinn einsetzt um soziale Ziele zu verwirklichen.

Wäre die Gesellschaft als gemeinnütziges Unternehmen geführt wurden, so wäre auf Grund der dann bestehenden wirtschaftlichen und rechtlichen Erleichterungen, kein Vergleich mit dem Wettbewerb möglich gewesen. So trägt START die Rechtsform einer Gesellschaft mit beschränkter Haftung und ist damit in seiner Existenz vom Gesellschaftsgewinn abhängig. Nur wenn es gelingt eine stabile wirtschaftliche Position auf dem Arbeitnehmerüberlassungsmarkt einzunehmen, können auch die qualitativen Ziele erreicht werden. Dies bedeutet jedoch nicht, dass Gewinn vor Gemeinnutz gestellt wird, sondern vielmehr als unverzichtbar zur Erreichung gemeinnütziger Ziele betrachtet wird.

7.4 Besonderheiten der Organisationsstruktur

7.4.1 Die Gesellschafter

Die Zusammensetzung der Gesellschafter spiegelt das Bestreben der START Zeitarbeit NRW GmbH nach einer möglichst guten Vernetzung mit arbeitsmarkpolitischen Akteuren wieder. Entsprechend der nicht gewinnorientierten Ausrichtung der Gesellschaft, erhalten die Gesellschafter keine Gewinnanteile: Weder nach Abschluss eines Geschäftsjahres, noch bei einem eventuellen Ausscheiden.

7.4.2 Aufsichtsrat

Die Struktur der Gesellschafter bildet sich im Aufsichtsrat in verkleinerter Form wieder. Den Aufsichtratsmitgliedern wird für ihre Tätigkeit keine Vergütung gewährt.

7.4.3 Regionalbeirat

Kein Organ im gesellschaftsrechtlichen Sinne, jedoch beratende Institution, sollen die Regionalbeiräte sein.

Sie sollen v. a. zu einer größeren Akzeptanz und Unterstützung in der Region beitragen. Darüber hinaus soll mit ihrer Hilfe eine höhere Transparenz der Gesellschaftstätigkeit erreicht werden, sie dienen gleichzeitig als Multiplikatoren des START-Konzeptes. Mit dem Wissen über die Besonderheiten des regionalen Marktes, soll der Beirat den jeweiligen Niederlassungen beratend zur Seite stehen.

7.4.4 Die Stäbe Qualitätsmanagement und Arbeits- und Gesundheitsschutz / Ergonomie

Ein Ausdruck der Güte des Qualitätsmanagements bzw. des Qualitätsmanagementsystems, ist die Zertifizierung nach DIN EN ISO 9001 und 9002.

Der Arbeits- und Gesundheitsschutz bedient interne Mitarbeiter und Leiharbeiter gleichermaßen. Auf ihn wird später noch genauer eingegangen.

7.4.5 Die Coach-Gebiete

In den neun Coach – Gebieten sind die einzelnen Niederlassungen zu übergeordneten Einheiten zusammengefasst. Jeder Niederlassungsleiter betreut neben der eigenen noch weitere Niederlassungen als Coach. Die Coachs sind direkt der Vertriebsleitung unterstellt, die ein Stab der Geschäftsführung ist. Dies ermöglicht eine effiziente Kommunikation zwischen Geschäftsführung und den Niederlassungen bis hinzu zum einzelnen Mitarbeiter.

7.4.6 Betriebsrat

Ein weiterer wichtiger „START - Baustein“ ist der Betriebsrat. In diesem sind sowohl interne Mitarbeiter als auch Zeitarbeiter vertreten.

7.5 Ziel: Sozialverträglichkeit

Die Ziele von START sind eindeutig: Sozialverträgliche Ausgestaltung von Zeitarbeitsverhältnissen sowie die Ausrichtung des Verleihs auf Integration. Doch wie lässt sich dieser hohe Anspruch in der Praxis konkret umsetzen? Auf welche Aspekte muss bei der Gestaltung des täglichen Geschäftesgehabes geachtet werden? Diese Fragen sollen nun im Folgenden beantwortet werden. Der Integrationsgedanke ansich kann bereits als sozialverträglicher Aspekt der Zeitarbeit betrachtet werden. Da START selbst dies jedoch als getrenntes Ziel ausweist soll es auch getrennt betrachtet werden.

7.5.1 Stellenbesetzung

7.5.1.1 Einstellungsgrundsätze: Stellenorientiert, Arbeitslose und Tragwellenprinzip

Stellenorientierung:

Die Einstellungen bei START erfolgen grundsätzlich stellenorientiert. Dazu werden zunächst freie Arbeitsplätze in den Entleihbetrieben akquiriert und anschließend ein geeigneter Bewerber ausgewählt und eingestellt. Ausnahmen sind Initiativbewerbungen die sich derart auszeichnen, dass der Personaldisponent davon ausgehen kann, einen Einsatz in absehbarer Zeit zu realisieren. Mit der stellenorientierten Arbeitsweise werden einsatzfreie Zeiten minimiert.

Einstellung von Arbeitslosen:

Es werden ausschließlich zuvor arbeitslose Personen eingestellt. Dabei wird versucht sich auf besonders schwer vermittelbare zu konzentrieren (Zielgruppenausrichtung).

Tragwellenprinzip:

Neben den Zielgruppenangehörigen werden auch Arbeitslose ohne besondere Hindernisse eingestellt. Diesen Leiharbeitnehmern kommt gewisser Maßen eine „Tragwellenfunktion“[101] zu. Durch sie gelingt es, die in den Entleihbetrieben bestehenden Hemmungen und Vorbehalte gegenüber Problemgruppenangehörigen abzubauen, um im weiteren Zeitablauf hier auch ansonsten schwervermittelbare Zeitarbeitnehmer einsetzen zu können. Die Zielgruppenexternen leisten damit eine vertrauensschaffende Vorarbeit zwischen Entleihbetrieb und START.

Neben diesem Aspekt tragen die gut qualifizierten Zeitarbeiter erheblich zur Aufrechterhaltung der Wettbewerbsfähigkeit bei und sichern auch in dieser Hinsicht die Möglichkeit der dauerhaften Wiedereingliederung von schwervermittelbaren Arbeitslosen.

7.5.1.2 Kontakt zu Bewerbern

Der Kontakt zwischen START und potentiellen Zeitarbeitern kommt auf verschiedenen Wegen zu Stande. Grundsätzlich werden alle zu besetzenden Stellen der örtlichen Arbeits-

[101] Weinkopft, Claudia / Vanselow, Achim: Wiedereingliederung von Arbeitslosen durch sozialverträgliche Arbeitnehmerüberlassung, (Kurzfassung), Düsseldorf, 1999, S. 5

agentur angezeigt. START verzichtet fast vollständig auf eigene Inserate, um zu vermeiden, dass sich in größerem Umfang in Beschäftigung stehende Personen bewerben.

Suchen Arbeitslose den Kontakt zu START unabhängig von einer ausgeschriebenen Stelle, so werden sie entsprechend ihren Eigenschaften und Qualifikationen in einem Personalpool vorgemerkt. Bestehen später Vakanzen, die nicht von bereits angestellten Mitarbeitern besetzt werden können, so wird auch auf den Personalpool zurückgegriffen.

Darüber hinaus baute START von Beginn an eine gute Beziehung zu regionalen Bildungsträgern auf. Insbesondere die von der Arbeitsagentur geförderten Kurse entsprechen der anzusprechenden Gruppe der Arbeitslosen und stellen damit ein großes Potential an Bewerbern dar. START war bzw. ist tlw. selbst bei Kursen präsent oder wird von den Kursleitern ins Gespräch gebracht. Ein großer Teil des Personalpools setzt sich daher aus Kursteilnehmern zusammen.

7.5.1.3 Auswahl geeigneter Bewerber

Um ein optimales Matching zwischen Entleihbetrieb und Leiharbeitnehmer zu realisieren, wird sich bei der Einstellung und Auswahl am konkreten Bedarf und an den Anforderungen der Entleihbetriebe orientiert.

Bevor es zur Einstellung bzw. zum Einsatz kommt, wird das individuelle Bewerberprofil, das auch ein Qualifikationsabbild enthält, mit den Anforderungen des Zeitarbeitsplatzes verglichen. Mit den danach geeigneten Bewerbern wird i. d. R. ein weiteres Vorstellungsgespräch im Entleihunternehmen unter Anwesenheit eines START-Mitarbeiters durchgeführt. Davon profitieren insbesondere Arbeitslose mit geringem Selbstwertgefühl. Das gemeinsame Vorstellungsgespräch mit dem Unternehmen minimiert darüber hinaus die Wahrscheinlichkeit einer Falschbesetzung.

Qualifikationsdefizite sind keine grundsätzlichen Ausschlusskriterien sondern können evt. durch eine Anpassungsqualifikation ausgeglichen werden kann.

Die Bedeutung einer optimalen Auswahl ist groß:

Insbesondere Problemgruppenangehörige erleben viele Rückschläge und Enttäuschungen bei ihrer Suche nach Arbeit. Dies führt zu einem Verlust an Selbstvertrauen und Selbstsicherheit. Ein Verleiheinsatz, bei dem der Zeitarbeiter die Anforderungen des Entleihers nicht erfüllen kann, bedeutet zusätzliche Demotivation. Aus Sicht des Entleihers wird der bedarfs- und anforderungsgerechte Verleih als ein wesentliches Kriterium für die Zufriedenheit der Kunden betrachtet und damit gleichermaßen als Notwendigkeit erkannt, um die Unternehmen tatsächlich für die Zielgruppen öffnen zu können und zwar über den ersten Einsatz hinaus. Für START gilt dies umso mehr, da sie das „Handicap" eines höheren Entleihpreises (siehe Kap. 7.5.2) überwinden müssen.

7.5.1.4 Übereinstimmung von Erwartung und Qualität in 70 % der Fälle

In einer 2000 veröffentlichten Umfrage unter den Entleihbetrieben von START, wurden die Betrieb u. a. befragt in wie weit die eingesetzten Zeitarbeiter den betrieblichen Anforderungen entsprachen.[102] Dabei ergab sich, dass lediglich 2 % der befragten Unternehmen nur negative Erfahrungen mit START gemacht hatten. Rund 29 % gaben an sowohl passende Einsätze als auch nicht anforderungsgerechte Einsätze erlebt zu haben und 69 % bejahten die Frage der grundsätzlichen Übereinstimmung von Anforderung und Qualifikation. Dieses Ergebnis spricht sehr für die Einstellungsarbeit von START. Die angesprochenen negativen Aspekte für den Zeitarbeitnehmer, aufgrund einer nicht anforderungsgerechten Stellenbesetzung, kamen damit nur in geringem Umfang zum Tragen.

7.5.2 Tarifliche Arbeitsbedingungen eines Start-Zeitarbeiters

START strebte seit Beginn eine Arbeitnehmerüberlassung auf Basis von Tarifverträgen an. Bereits der Gesellschaftsvertrag enthält die Verpflichtung Tarifvereinbarungen mit den Arbeitnehmerverbänden zu treffen und das obwohl mit einer entsprechenden gesetzlichen „Auflage“ zu diesem Zeitpunkt nicht zu rechnen war.

Tarifäre Grundlagen von Arbeitsbedingungen sollten jedoch nicht nur die eigenen Abschlüsse bieten, sondern insbesondere die in den Entleihbetrieben geltenden Tarifverträge („Referenzprinzip“) galt es in die Zeitarbeitsverhältnisse einzubeziehen.

Bereits während der Modellphase konnten 1993 ein Haustarifvertrag und ein Entgelttarifvertrag mit der damaligen ÖTV abgeschlossen werden. Angesichts der zu diesem Zeitpunkt bestehenden Gewerkschaftsauffassung zur Zeitarbeit, ein bedeutender Abschluss. Nach Gründung der Gesellschaft wurde im April 1996 ein neuer Tarifvertrag mit der ÖTV vereinbart, der im Juli 2000 abgelöst wurde von einem Haustarifvertrag mit der neu gegründeten Vereinten Dienstleistungsgewerkschaft. 2003 kam es zu einem Neuabschluss des Tarifvertrages mit ver.di woraus sich die folgenden Arbeitsbedingungen ergeben.

7.5.2.1 Arbeitszeit

Die regelmäßige wöchentliche Arbeitszeit liegt bei 35 Stunden, wobei individuell eine längere vereinbart werden kann, wenn Mitarbeiter dauerhaft an Unternehmen mit längeren Arbeitszeiten überlassen werden. Die Vergütung wird dann entsprechend angepasst.

Die tatsächliche Lage und Verteilung der Arbeitszeit richtet sich nach dem Kundenbetrieb.

Zum Ausgleich von Differenzen zwischen der vereinbarten und der tatsächlichen monatlichen Arbeitszeit wird ein Arbeitszeitkonto eingerichtet. Dieses darf grundsätzlich maximal 150 Plusstunden umfassen. Eine Untergrenze für Minusstunden wurde nicht vereinbart.

---

[102] Weinkopft, Claudia¸Vanselow, Achim: Wiedereingliederung von Arbeitslosen durch sozialverträgliche Arbeitnehmerüberlassung, Düsseldorf, 2000, S.104

Ausgeglichen wird das Zeitkonto durch Freizeitnahme oder Qualifizierung, ein finanzieller Ausgleich kann für max. 70h erfolgen. Mittels Qualifizierungsmaßnahmen werden lediglich Plusstunden abgebaut jedoch keine Minusstunden aufgebaut werden. Im Falle einer Eigenkündigung oder einer außerordentlichen Kündigung, werden maximal 35 Minusstunden mit der letzten Abrechnung verrechnet, dies gilt jedoch nicht wenn das Zeitarbeitsverhältnis aufgrund einer Übernahme beendet wird.

Reflektion:
Von der gewerblichen Konkurrenz hebt START sich deutlich ab:

Kein anderer Tarifvertrag enthält eine derartige Regelung zum Abbau von Plus- bzw. zur Vermeidung von Minusstunden durch Qualifizierungsmaßnahmen.

Ebenfalls herauszustellen ist, dass Minusstunden auf dem Arbeitszeitkonto nicht verrechnet werden, wenn der Zeitarbeiter von einem Unternehmen, und zwar nicht beschränkt auf den aktuellen Entleihbetrieb, übernommen wird. Auch damit wird die Brücke von Zeitarbeit in ein Normalarbeitsverhältnis nicht blockiert.

7.5.2.2 Entgelt, Zuschläge und Zulagen

„Gleicher Lohn für gleiche Arbeit“ ist seit jeher einer der Leitgedanken bei START. Mit zunehmendem Wachstum des Leiharbeitsmarktes verschärfte sich jedoch auch bei START der Wettbewerbsdruck auf die Löhne. Dieser erhöhte sich insbesondere mit der letzten Novellierung des AÜG und den damit verbunden niedrigen Entgelttarifabschlüssen in der Zeitarbeitsbranche.

Mit dem im November 2003 zwischen ver. di und START neu vereinbartem Tarifvertrag, musste daher ein Balanceakt zwischen Referenzlohnprinzip und Wettbewerbsfähigkeit versucht werden. Dies zeigt sich insbesondere im Niedrigqualifikationsbereich, wo der Wettbewerb besonders hoch ist.

- **Entgelt**

Der Entgeltrahmentarifvertrag für die START - Leiharbeitnehmer enthält 3 Entgeltgruppen. Während Einsatzfreier Zeiten, also auch während Qualifizierungsmaßnahmen, erfolgt die Vergütung auf Basis des letzten Einsatzes.

- **Jahressonderzahlungen**

START gewährt ein Urlaubs- und Weihnachtsgeld von jeweils 156 € brutto. Eine Wartezeit ist nicht zu erfüllen. Scheidet der Mitarbeiter bis zum 31. 03. des Folgejahres aus, so ist das Weihnachtsgeld zurückzuzahlen, außer bei einer betriebsbedingten Kündigung oder einer Übernahme.

- **Zuschläge für Nacht-, Sonntags- und Feiertagsarbeit**

Maßgeblich sind die Zuschläge entsprechend der tariflichen Bestimmung des Entleihbetriebes. Nachtarbeit beginnt bereits ab 20.00 Uhr.

EG	Beschreibung	1.- 6. Monat	7.- 12. Monat	ab 13. Monat
1	Tätigkeiten, die eine kurze Anlernzeit erfordern	7.10 €	7.20 €	7.50 €
2	Tätigkeiten, die eine Anlernzeit erfordern, die über die in der Entgeltgruppe 1 erforderliche Anlernzeit hinaus geht sowie Einarbeitung erfordern	7.50 €	7.70 €	8.00 €
3	Tätigkeiten für die Kenntnisse und Fertigkeiten erforderlich sind, die durch eine mindestens dreijährige Berufsausbildung vermittelt werden. Arbeitsentgelt nach dem im Betrieb des Entleihers geltenden Entgeltabkommen in Höhe von:	85%	90%	95%; ab dem 19. Monat 100%

Reflektion:
Der zuvor gültige Tarifvertrag mit ver. di sah keine Eingruppierungen vor. Alle Zeitarbeitnehmer erhielten innerhalb einer Probezeit von 6 Monaten 95 % des Arbeitsentgeltes, welches den im Entleihbetrieb geltenden Tarifen entsprach und danach 100 %.

Mit der heutigen Regelung wurde versucht am Referenzlohnprinzip festzuhalten und trotzdem wettbewerbsfähig zu bleiben, denn nach eigener Aussage war der sog. Helferbereich für START nie zugänglich. Die Einrichtung der Entgeltgruppen 1 und 2 sollte hier Abhilfe schaffen. Die Qualifikationsanforderungen der 3 Entgeltgruppen bzw. die Beschränkung auf diese 3 bei START, entspricht dem überwiegenden Einsatzbereich von Zeitarbeitern in der gesamten Branche. Damit bekommen bei START mehr Zeitarbeitnehmer die Möglichkeit zumindest annährend den im Entleihbetrieb geltenden Lohn zu erhalten. Inhaltlich sind die 3 Entgeltgruppen mit den ersten drei Gruppen der DGB-Tarifwerke vergleichbar. Die Entlohnung hingegen unterscheidet sich deutlich: START vergütet die Entgeltgruppen 1 und 2 überdurchschnittlich und die Entgeltgruppe 3, als einziger Tarifpartner, nach 6 Monaten angelehnt an den Tarif des Entleihbetriebes. Der Lohn in Entgeltgruppe 1 ist nach 6 Monaten sogar höher, als der vom DGB, iGZ und BZA angestrebte Mindestlohn. Auch bei START ist ein Entgeltanstieg an die Beschäftigungsdauer geknüpft, der START-Zeitarbeiter profitiert jedoch nach einer deutlich kürzeren Zeit von einem deutlich höheren Anstieg des Stundenlohns.

Auch bei den Zuschlägen unterscheidet sich START deutlich. Diese richten sich ausschließlich nach dem im Entleihbetrieb gültigen Tarifvertrag und werden nicht auf einen bestimmten Prozentsatz begrenzt[103]. Lediglich beim Haustarifvertrag von START beginnt die Nachtschicht bereits ab 20 Uhr und nicht erst ab 23 Uhr (so bei den DGB-Tarifverträgen). Auch dies bedeutet eine finanzielle Besserstellung der Arbeitnehmer.

---

[103] Vgl. die Ausführungen in Kapitel 5.4.3

Zum Erhalt von Weihnachts- und Urlaubsgeld ist keine Wartezeit zu erfüllen (vgl. DGB-Tarifwerke: 6 Monate Wartezeit). Darüber hinaus enthält kein anderer Tarifvertrag bezüglich der Rückzahlung von Weihnachtsgeld, eine befreiende Übernahmeklausel.

7.5.2.3 Einsatzregeln

Unter dieser Überschrift fallen im Haustarifvertrag zwischen START und ver. di auch Regelungen bezüglich der Erstattung von Wegezeiten und Verpflegungsmehraufwand. Auf die sehr fragwürdigen Regelungen im DGB - BZA Tarifvertrag wurde bereits in Kapitel 5.4.3 hingewiesen.

Der Tarifvertrag von START verweist diesbezüglich auf eine Betriebsvereinbarung. Ab dem zweiten Einsatz erhalten Zeitarbeiter danach die Fahrtkosten ab dem 51. Kilometer (bei Anfahrten über 50 km) erstattet und zwar ohne eine Anrechnung auf den Bruttolohn.

7.5.2.4 Urlaub und Freistellungen

Entgegen den übrigen Tarifverträgen der Branche richtet sich der Urlaubsanspruch nicht nach der Dauer der Betriebszugehörigkeit, sondern nach dem Alter und geht über den gesetzlichen Anspruch hinaus. Auch hier wird deutlich, dass der Tarifvertrag von START nicht auf eine dauerhafte Arbeitnehmerüberlassung ausgerichtete ist und den Zeitarbeitern trotzdem eine Vielzahl von Arbeitsbedingungen ermöglichen die einem Normalarbeitsverhältnis entsprechen. Denn nur durch den Verzicht die zeitliche Komponente auszunutzen, wird der Realität eines Zeitarbeitsverhältnisses Rechnung getragen.

7.5.2.5 Qualifizierung

§ 17 TV:

„Der Mitarbeiter hat Anspruch auf und die Verpflichtung zur Teilnahme an arbeitsmarktlich notwendigen und für ihn geeigneten und zumutbaren Qualifizierungen, die durch den Arbeitgeber oder ein von ihm beauftragter Bildungsträger angeboten und durchgeführt werden. Die Feststellung, ob und welche Qualifizierungsmaßnahmen im Sinne des Satzes 1 durchgeführt wird, kann nur im Einvernehmen mit dem Beschäftigten unter Beteiligung des Betriebsrates erfolgen. Einzelheiten werden in einer Betriebsvereinbarung geregelt."

In keinem der bestehenden Tarifverträge der Zeitarbeitsbranche ist irgendeine Regelung zu Qualifizierungsmaßnahmen für Zeitarbeiter enthalten. START NRW spricht seinen Angestellten sogar einen Anspruch darauf zu. Auf dieses Thema wird an späterer Stelle noch näher eingegangen.

7.5.2.6 Beschäftigungssicherheit

Grundsätzlich schließt START nur unbefristete Verträge ab. Trotzdem kann auch START keine Beschäftigungssicherheit, die einem regulären Arbeitsverhältnis vergleichbar wäre, bieten. Auch START muss bei Auftragsmangel betriebsbedingte Kündigungen aussprechen. Um trotzdem ein gewisses Mindestmaß an Beschäftigungsstabilität zu erreichen, werden die gesetzlichen Kündigungsfristen, ab dem 3. Beschäftigungsmonat nicht mehr verkürzt. Die kürzen Fristen zum Beschäftigungsbeginn haben sich jedoch in der Praxis als wirtschaftliche Notwendigkeit erwiesen. Bereits seit 1997 werden Arbeitszeitkonten gepflegt, deren Stundenguthaben in verleihfreien Zeiten abgebaut oder für Qualifizierungen genutzt wird.

Nach eigenen Angaben ist ein Leiharbeitnehmer im Durchschnitt 8 Monate bei START beschäftigt und wird in 1,5 Einsätze entliehen. Das übersteigt den Branchenschnitt von 3 Monaten Beschäftigungsdauer deutlich. Der durchschnittliche Anteil der einsatzfreien Zeit liegt zwischen 1% und 13%.

START sagt selbst, dass es durchaus Fälle gab, in denen ein Einsatz beendet werden musste, da die alte gesetzliche Höchstüberlassungsdauer erreicht wurde. Grundsätzlich strebt START jedoch keine Dauerleiheinsätze an, da solche immer ein Zeichen für die unerwünschte Besetzung von Stammarbeitsplätzen mit Zeitarbeitnehmern sind. Andererseits sichern längerfristige Einsätze die wirtschaftliche Stabilität des Unternehmens.

7.5.2.7 Gesamtbewertung

Seit der Gründung von START haben sich die Arbeitbedingungen der Leiharbeitnehmer deutlich verändert. So kann erst ab dem 19. Beschäftigungsmonat und bei Eingruppierung in Gruppe 3 das „equal payment“ – Prinzip realisiert werden. Zuschläge hingegen werden von Beginn an am Entleihbetrieb ausgerichtet. Neben dem Entgelt sichert START seinen Angestellten Arbeitsbedingungen, die sich deutlich von der gewerblichen Konkurrenz abheben. Die höheren Löhne, die auch in verleihfreien Zeiten unverändert entrichtet werden, Zuschläge auf Basis des im Entleihbetrieb gültigen Tarifs, schnelleren Anspruch auf Urlaubs- und Weihnachtsgeld, sowie befreiende Übernahmeklauseln hinsichtlich der Rückzahlung von Sonderzahlungen und dem Ausgleich von Minusstunden, stellen den START-Zeitarbeiter deutlich besser.

Die Veränderungen der einzelnen Arbeitsbedingungen seit Gesellschaftsgründung resultieren nicht aus einem gestiegenen Gewinnstreben, sondern aus ökonomischer Notwendigkeit. Dazu trug jedoch nicht nur die wachsende Anzahl an gewerblichen Konkurrenzunternehmen bei, sondern letztlich auch die gesetzliche Liberalisierung der Zeitarbeit. Natürlich profitiert auch START von längeren Verleihzeiten, da es nach eigener Aussage auch Einsätze gibt, die die zuvor geltende gesetzliche Frist voll ausschöpfen. Insbesondere jedoch die letzte Novellierung des AÜG führte zu sehr niedrigen Tarifabschlüssen. Da auch START seinen Kundenbetrieben die branchenüblichen 200 - 215 % des Zeitarbeiter - Lohns berechnet, hat es START weitaus schwerer Kundenacquise erfolgreich zu betreiben.

Darüber hinaus ist festzuhalten, dass START, mit Ausnahme des Entgeltes, tarifäre Kürzungen nur in den Bereichen vorgenommen hat, die vom Betroffenen leichter „zu verkraften" sind (z.B. der Wegfall auf Sonderurlaubstage bei Eheschließung etc. Den Entgelttarifvertrag ausgenommen, verzichtete START bisher in allen Tarifverträgen darauf, bestimmte Zugeständnisse an den Arbeitnehmer von einer längeren Beschäftigungsdauer abhängig zu machen.

7.5.3 Außertarifliche Gestaltung der Arbeitsbedingungen

Neben den tariflichen Grundlagen gestalten eine Reihe weitere Elemente das jeweilige Arbeitsverhältnis. Die meisten davon sind in einer regulären Beschäftigung Normalität. Auf Grund der Besonderheiten von Zeitarbeit sind einige dieser Elemente jedoch gerade keine Selbstverständlichkeit für Zeitarbeiter. Dazu gehören z. B. der Arbeits- und Gesundheitsschutz, die betriebliche Mitbestimmung sowie die Fort- und Weiterbildung des Personals. Für den Leiharbeitnehmer bestehen hier häufig erhebliche Nachteile. Im Folgenden soll daher betrachtet werden, in wieweit START in den genannten Bereichen originäre Rechte der Leiharbeitnehmer sicherstellen kann.

7.5.3.1 Arbeits- und Gesundheitsschutz

Nach Auffassung von START kommt dem Entleiher eine maßgebliche Verantwortung beim Schutz der Gesundheit seines Zeitarbeiters zu. Um dieser gerecht zu werden, verfügt START über ein zertifiziertes Qualitätsmanagementsystem mit integriertem Arbeits- und Gesundheitsschutzsystem. Dieses bedient nicht nur die internen Mitarbeiter sondern in dem gebotenen Umfang auch die externen. Durch regionale Sitzungen des Arbeitsschutzausschusses können „Gesundheitsgefährdungen vor Ort benannt und mit den Verantwortlichen konkrete Maßnahmen vereinbart werden"[104]. In den Niederlassungen werden jährlich Audits durchgeführt, mit den Führungskräften ausgewertet und Veränderungsprozesse eingeleitet. Insbesondere die Sensibilisierung der Führungskräfte und Vertriebsmitarbeiter auf den Arbeits- und Gesundheitsschutz ist entscheidend für eine Minimierung des Unfallgeschehens.

Den Leiharbeitskräften wird neben der Arbeitsschutzkleidung, die unentgeltlich zur Verfügung gestellt wird, eine ausführliche Arbeitsschutzunterweisung erteilt.

Um die Unterweisung auch auf die jeweiligen, besonderen Gefahrenquellen des individuellen Arbeitsplatzes des Leiharbeiters ausdehnen zu können, führt der zuständige Arbeitsschutzbeauftragte an jedem Einsatzort eine Begehung durch. Darüber hinaus können in den Kundenunternehmen Veränderungsmaßnahmen angeregt und Absprachen getroffen werden, auf deren Umsetzung und Einhaltung START jedoch keinen direkten Einfluss nehmen kann.

---

[104] START Geschäftsbericht 2002

7.5.3.2 Mitbestimmung

Eine besondere Schwierigkeit der Arbeitnehmerüberlassung ist die Sicherstellung der Interessenvertretung für Zeitarbeitskräfte. Der Betriebsrat ist jedoch Garant für soziale Interessen. Im Betriebsrat von START sind daher interne und externe Arbeitnehmer vertreten. Auf Grund des weiten Niederlassungsnetzes, kann nicht ständig ein Betriebsratmitglied als Ansprechpartner vor Ort zur Verfügung stehen. Um dieses Defizit gegenüber einem Normalarbeitsverhältnis auszugleichen, hat START eine kostenlose „Hotline“ eingerichtet, unter der immer eines der freigestellten Betriebsratsmitglieder zu erreichen ist. Das Wirken des Betriebsrates erstreckte sich in der Vergangenheit auch auf eine Zusammenarbeit mit den Betriebsräten der entleihenden Unternehmen. Eine Zusammenarbeit liegt auch Nahe, denn beide Betriebsräte haben ein Interesse daran, dass Zeitarbeiter nicht unterhalb bestimmter sozialer Standards arbeiten.

7.5.3.3 Qualifizierung

Das Konzept von START zielt auf die Integration von Arbeitlosen in ein reguläres Arbeitsverhältnis ab. Dabei sollen sich die Eingliederungschancen jedoch nicht nur auf Basis von Leiheinsätzen verbessern, sondern auch durch zusätzliche Qualifizierung.

Die Qualifizierung während verleihfreier Zeiten wurde v. a. vom DGB – Landesbezirk NRW als ein wichtiges Element sozialverträglicher Arbeitnehmerüberlassung gefordert. Denn insbesondere Zielgruppenangehörige weisen als ein Integrationshemmnis häufig auch Qualifizierungsdefizite auf.

- **Qualifizierungsmaßnahmen können:**
  - Einsätze ggf. erst ermöglichen (Vorqualifizierung)
  - „Leerlaufzeiten“ zwischen zwei Einsätzen zum Abbau erkannter Qualifikationsdefizite ausnutzen und ggf. dadurch eine Anschlussbeschäftigung ermöglichen sowie
  - den Übergang in den Entleihbetrieb oder andere Betriebe erleichtern
- **Es lassen sich 4 Qualifizierungsarten unterscheiden:**
  - Qualifizierung vor Eintritt (2007: 4%)
  - Einsatzbegleitende Qualifizierung (2007: 29%)
  - Betriebliche Qualifikation (2007: 48%)
  - Qualifizierung in einsatzfreien Zeiten (2007: 19%)

Einsatzbegleitende Maßnahmen greifen, wenn sich während eines Einsatzes die Arbeitsmittel, Produktionsbedingungen, -abläufe und -systeme verändern und somit Teilqualifizierungen notwendig werden. In diese Gruppe Fallen auch Kurse, die am Abend oder am Wochenende parallel zu einem Einsatz erfolgen. Diese können, müssen aber nicht in unmittelbarer Verbindung zum jeweiligen Einsatz stehen. Trotzdem trägt START die Kosten. Einsatzbegleitende Maßnahmen werden durch externe Weiterbildungsträger durchgeführt und ermöglichen es an längerfristigen Weiterbildungen teilzunehmen (Sprachkurse z.B.).

Betriebliche Qualifizierungsmaßnahmen finden direkt am Arbeitsplatz oder in Fort- und Weiterbildungseinrichtungen des entleihenden Unternehmens statt. Diese arbeitsplatznahen Maßnahmen besitzen zwei Ausprägungen:

- Jeder Beschäftigte eines Unternehmens wird ständig mit Neuerungen in seinem beruflichen Alltag konfrontiert. Werden diesbezüglich Schulungen durchgeführt, z.B. bei der EDV- Umstellung auf SAP, so ermöglicht es START seinen Zeitarbeitnehmern daran teilzunehmen, auch wenn die vermittelten Kenntnisse nicht für den aktuellen Einsatz benötigt werden.
- Der entleihende Betrieb vermittelt die am Arbeitsplatz geforderten Fertigkeiten und Kenntnisse dem Zeitarbeiter individuell. Dies kann z. B. durch eine Einarbeitung geschehen. Dabei hat sich ein von Unternehmen und START zusammen aufgestellter Einarbeitungsplan als besonders effektiv erwiesen.

In beiden Fällen muss das entleihende Unternehmen die unproduktiven Stunden des externen Mitarbeiters nicht vergüten, obgleich START auch für diese Zeit das Arbeitsentgelt an den Zeitarbeiter entrichtet.

Qualifizierungen während der verleihfreien Zeiten dienen nicht nur zur Überbrückung um Beschäftigungsschwankungen auszugleichen. Diese Zeiten sollen sinnvoll für das Bestreben, die Integrationschancen des Leiharbeiters zu verbessern, genutzt werden. Der Leiharbeitnehmer wird während der Maßnahme in der jeweils für ihn gültigen Tarifgruppe[105] und entsprechend der vereinbarten Wochenstundenzahl entlohnt. Sein Beitrag dafür ist der Abbau von eventuell vorhandenen Plusstunden auf dem Arbeitszeitkonto. Wenn kein Plusstundenkontingent besteht, werden durch Qualifikation jedoch keine Minusstunden aufgebaut. Die Maßnahmekosten trägt START.

Organisatorische Schwierigkeiten ergeben sich dann, wenn Qualifikationsmaßnahmen mit Einsatzmöglichkeiten zusammenfallen. Da Einsätze Vorrang haben, kann es immer wieder zu Stornierung eigentlich geplanter Qualifizierungsmaßnahmen kommen. Gleichzeitig erfordert der kurzfristige Wechsel in Qualifizierungsmaßnahmen flexible Weiterbildungsträger. In den Anfängen hatte START daher v. a. mit den meist langen und starren Kursen der Weiterbildungsträger zu kämpfen. Auch aufgrund der intensiven Bemühungen von START veränderte sich dies bis heute nachdrücklich. Hinzukommt auch, dass START ein enges Kooperationsnetz aufgebaut hat. So ist es nun leichter möglich mit einem Vorlauf von nur zwei oder drei Tagen kurzfristige Module beim Weiterbildungsträger einzukaufen.

- **Qualifizierungsinhalte:**

Die Qualifizierungsinhalte richten sich nach den persönlichen Defiziten, d. h. nach dem individuellen Bedarf. Dieser wird bereits während des Einstellungsprozesses ermittelt. Das dabei erstellte Qualifizierungsprofil wird während der gesamten Beschäftigungsdauer im-

[105] Richtet sich nach dem letzten Verleiheinsatz

mer wieder aktualisiert. Neben den Anforderungen des Arbeitsmarktes, stellen insbesondere die betrieblichen Einsätze wichtige Anhaltspunkte für notwendige Qualifizierungen dar.

In den vergangenen Jahren kristallisierte sich ein deutlicher inhaltlicher Schwerpunkt heraus: Es werden überwiegend Kenntnisse im gewerblich-technischen Bereich vermittelt. Daran zeigt sich, dass die Qualifizierungen den Einstellungen folgen. Denn Neueinstellungen erfolgen überwiegend für technische und gewerbliche Berufe entsprechend dem Branchenschwerpunkt.

- **Qualifzierungsumfang:**

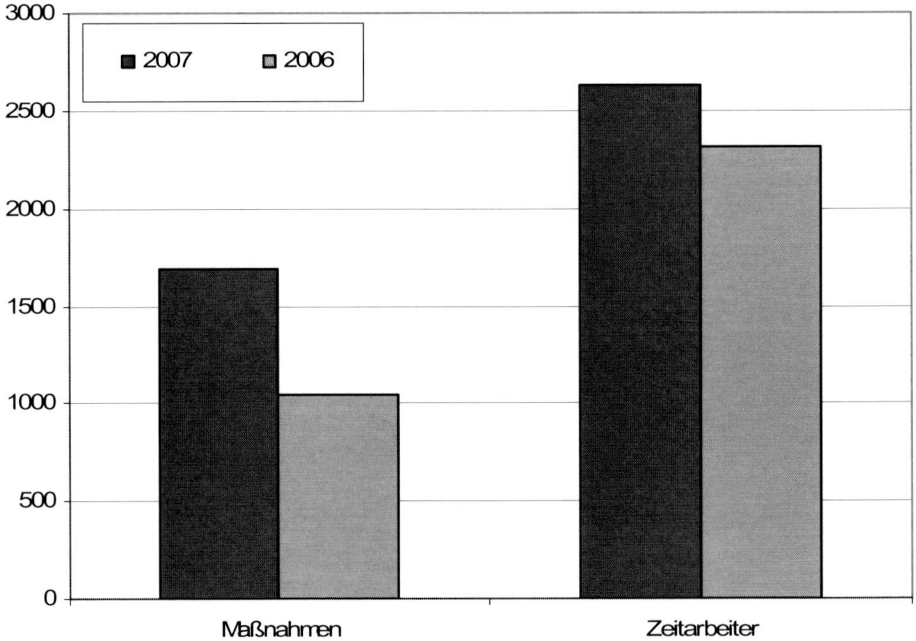

Abb. 8: Anzahl der Qualifizierungen 2006 und 2007

Quelle: START Geschäftsbericht 2006s

Im Jahr 2007 wurden so viele Qualifizierungsmaßnahmen durchgeführt wie noch nie zuvor. Stark angestiegen ist aber nicht nur die absolute Zahl sondern auch das Verhältnis zwischen Zeitarbeitern und Maßnahmen. Wurden 2006 bereits 45% der Zeitarbeiter qualifiziert so stieg der Anteil 2007 auf 64%.

START führt dies zurück auf die gestiegene „Notwendigkeit, Potentiale von Bewerbern zu erschließen, die erhebliche qualifikatorische Defizite aufweisen. Zudem verlangen die

Kunden verstärkt formale Befähigungsnachweise von unseren Mitarbeiterinnen und Mitarbeitern."[106]

Der angestiegene Mangel an qualifizierten Kräften führte im 2.Halbjahr 2007 dazu, dass das vorhandene Auftragspotential nicht ausgeschöpft werden konnte. Dies zeigt, dass die Herstellung der Beschäftigungsfähigkeit nicht nur für die Zeitarbeiter wichtig ist. Im Sinne einer positiven Umsatzentwicklung ist diese auch für START unerlässlich. So gewinnt die Vorab-Qualifizierung zunehmend unternehmenpolitische Bedeutung. „Daher wurde ein Projekt mit sechs Qualifizierungsdisponenten ins Leben gerufen. Die Qualifizierungsdisponenten sollten ein Konzept für die Umsetzung der Qualifizierung vor Einsatz in der Region erarbeiten und auf dieser Basis die Niederlassungen bei der Erschließung und Qualifizierung neuer Bewerberpotenziale unterstützen.

Im nächsten Jahr wird diese Qualifizierungsform daher auch einen größeren Umfang annehmen."[107]

- **Finanzierung:**

Die Finanzierung der Maßnahmen soll entsprechend dem Gesellschaftsvertrag aus den erwirtschafteten Gewinnen erfolgen. Diese sollen re-investiert werden, um die Integrationschancen von Arbeitslosen zu fördern. Seit dem Auslaufen einer früheren EU – Förderung (1999) finanziert START sämtliche Maßnahmen vollständig aus eigenen Mitteln. Die Umsteuerung der Überschüsse ist damit gelungen.

7.6 Ziel: Wirtschaftlichkeit

7.6.1 Das Spannungsverhältnisse zwischen Wirtschaftlichkeit und Sozialverträglichkeit

Wird die geringe Erfahrung, die in Deutschland mit gemeinnütziger Arbeitnehmerüberlassung im Zeitpunkt der Gesellschaftsgründung bestand, berücksichtigt, kann START durchaus als eine Art Experiment betrachtet werden. Ein Versuch mit dem sozial- und arbeitsmarktpolitische Ziele realisiert werden sollen, ohne dass dies langfristig staatlich subventioniert werden muss und somit letztlich wiederum neue Versorgungslücken bzw. –probleme auftreten würden.

Die angestrebte Wirtschaftlichkeit lässt dabei ein besonderes Spannungsverhältnis entstehen:

1. Eine rasche Übernahme des Zeitarbeitnehmers durch den Entleihbetrieb ist zwar im Sinne der arbeitsmarktpolitischen Ansprüche positiv zu bewerten, bedeutet

[106] START Geschäftsbericht 2007, S. 8

[107] START Geschäftsbericht 2007, S. 9

aber auch, dass sich die Kosten, die START mit der Personalsuche und –auswahl entstanden sind, noch nicht amortisiert haben.

2. Eine gewisse Anzahl an gut qualifizierten Leiharbeitnehmern ist notwendig, da diese leicht in Leiheinsätze zu vermitteln sind und damit einen wichtigen Umsatzanteil realisieren. Einerseits tragen Mitarbeiter, die zu keiner besonderen Zielgruppe gehören, damit erheblich zur Sicherung des Unternehmens und damit auch der Möglichkeiten von Zielgruppenangehörigen bei. Andererseits muss der Verleih von Zielgruppenangehörigen den Schwerpunkt der Geschäftstätigkeit bilden, denn genau darin liegt der Gesellschaftszweck.
3. START möchte keine gewinnorientierte Leiharbeit betreiben, benötigt aber einen bestimmten Gewinn zur Realisierung der Qualifizierungsmaßnahmen
4. Ungeachtet des Qualifizierungsziels, ist eine Unternehmung ohne Gewinnrealisierung grundsätzlich nicht überlebensfähig.
5. Die Übernahme von gut qualifizierten Leiharbeitnehmern ist sicherlich ein positives Spiegelbild des hochwertigen Personalrecruitings bei START. Gleichzeitig erlischt jedoch eine Umsatzquelle.
6. START stand in der ersten Zeit nach Gesellschaftsgründung unter erheblichem Druck, die Zahl der Leiharbeitskräfte rasch zu steigern. Man kann durchaus sagen, dass START sich gegenüber den Kritikern v. a. hinsichtlich des arbeitsmarktpolitischen Ansatzes zunächst beweisen musste. Dadurch wurden am Anfang teilweise Überlassungsverträge abgeschlossen, deren Erlöse die entstanden Kosten nicht decken konnten. Hohe Beschäftigungszahlen sind zwar positiv aber zu derartigen Bedingungen nicht rational und Existenz bedrohend.
7. Kann nach einem Einsatz keine Anschlussbeschäftigung gefunden werden und besteht auch keine Qualifizierungsmöglichkeit, so muss dem Leiharbeitnehmer gekündigt werden. Nach dem bis 1996 geltenden Arbeitnehmerüberlassungsgesetz musste der Leiharbeitnehmer jedoch über einen Zeitraum, der 25 % der Dauer des ersten betrieblichen Einsatzes entsprach, weiterbeschäftigt werden. Kündigungs- und Weiterbeschäftigungsfrist durften zwar parallel laufen, START „entkoppelte im ersten Jahr jedoch Weiterbeschäftigungsfrist und Kündigungsfrist…“[108] So blieb der Zeitarbeiter länger in einem bezahlten Arbeitsverhältnis und die Disponenten hatten mehr Zeit einen neuen Einsatzbetrieb zu finden. Dem bezahlten Arbeitsverhältnis stand jedoch kein Ertrag gegenüber, eine Situation die wirtschaftlich nicht tragbar war. Im Rahmen der Kostensenkungsmaßnahmen 1996 (siehe

[108] Weinkopft, Claudia; Vanselow, Achim: START Zeitarbeit NRW - Zwischen Sozialverträglichkeit und Wirtschaftlichkeit, Gelsenkirchen, 1998 S. 23

Kapitel 7.6.2) passte sich START schließlich dem branchenüblichen Vorgehen an und gab die bisherige Praxis auf.

8. Die von Beginn an tarifär vereinbarten Arbeitsbedingungen stellten Zeitarbeitnehmer bei START deutlich besser als Zeitarbeitnehmer rein gewerblicher Verleihunternehmen. Die v. a. im ersten Tarifvertrag hoch angesetzten Standards konnten jedoch nicht gehalten werden, so dass einige der ursprünglichen Zulagen gestrichen und Einstiegsgehälter gesenkt wurden und das Referenzlohnprinzip tlw. aufgegeben wurde.

7.6.2 Wirtschaftliche Entwicklung

Die wesentlichste und höchst wichtige finanzielle Unterstützung während der Gründungsphase erhielt die Gesellschaft aus dem insgesamt 51 Millionen DM umfassenden Förderprogramm des Bundes: Die Richtlinie zur Förderung der Eingliederung schwervermittelbarer Arbeitsloser durch Darlehen und Zuschüsse an Gesellschaften zur Arbeitnehmerüberlassung" (AüGRi) vom 24. August 1994. Diese sollte Unternehmen, die wie START eingliederungsorientierte Arbeitnehmerüberlassung insbesondere mit Problemgruppenausrichtung betreiben, eine auf zwei Jahre befristete Anschubfinanzierung gewähren. Insgesamt erhielt START von Bund (aus AÜGRi) und Land eine Förderung von 17, 1 Millionen DM. Der Darlehensanteil betrug 6,2 Millionen DM, der Anteil der Zuschüsse 6,9 Millionen DM und 4 Millionen DM wurden einmalig als Verlustausgleich Ende 1996 gewährt.

Insbesondere in den ersten Jahren kämpfte Start an der Existenzgrenze. Neben der ansteigenden Zahl an Leiharbeitsverhältnissen und damit der Umsätze, trugen zahlreiche Konsolidierungsmaßnahmen dazu bei, dass Start sich seit 1997 durch den Verleihbetrieb selbst tragen konnte und seit dem Überschüsse erwirtschaftete. Die Landesbürgschaft wurde zurückgegeben und durch positive Jahresüberschüsse wurden die Darlehen der Anschubfinanzierung vollständig zurückgezahlt.

Zu diesen Konsolidierungsmaßnahmen gehörten:

- straffes Kosten- und Forderungsmanagement mittels dessen nicht nur die Forderungsreichweite gesenkt, sondern auch eine gute Liquiditätssituation geschaffen wurde
- Schließung nicht kostendeckend arbeitender Standorte. Insbesondere Niederlassungen in ländlichen Regionen waren hiervon betroffen.
- Stärkere ökonomische Ausrichtung der einzelnen Standorte
- tarifäre Verschlechterungen für Stammbelegschaft und Zeitarbeiter in Absprache mit der damaligen ÖTV
- Personalkostensenkende Maßnahmen
- Umstrukturierung der internen Organisation, insbesondere der Vertriebsorganisation, führte zu kürzeren Kommunikationswegen und mehr Verantwort in den Niederlassung, die damit flexibler auf das schnelllebige Tagesgeschäft reagieren konnten.

So entwickelte sich START Schritt für Schritt in ein professionelles Dienstleistungsunternehmen ohne den Anspruch der Sozialverträglichkeit aufzugeben.

Konsequenter Weise wurde dazu ein aktives Qualitätsmanagementsystem (QSM) mit integrierten Arbeits- und Gesundheitsschutzmanagementsystem eingeführt. Das QSM bildet seit dem eine systematische Basis für alle Optimierungsprozesse. Auch Arbeits- und Gesundheitsschutzmaßnahmen trugen erheblich zur Verbesserung der Wettbewerbsposition bei, indem kontinuierlich die Ausfallzeiten und die damit verbundenen Kosten gesenkt werden konnten. Seit 1999 ist das Qualitätsmanagementsystem von START nach DIN EN ISO 9002 zertifiziert.

Seit 2001 werden jährlich „Gleichzeitig (...) über 30 integrierte Qualitätsmanagement-, Arbeits- und Gesundheitsmanagementaudits in den Niederlassungen durchgeführt, Verbesserungspotenziale erkannt und in das Unternehmen integriert.“[109] Die erfolgreiche Reduktion der Ausfallzeiten ist maßgeblich auf diese Bemühungen zurückzuführen.

Die Entwicklung des Unternehmens beinhaltete jedoch auch nachhaltig einschneidende Maßnahmen in die Arbeitsbedingungen der Leiharbeitnehmer. Es zeigte sich, dass das Konzept „equal pay“ und „equal treatment“, welches noch die Basis der ersten Tarif- und Arbeitsverträge bildete, sich nicht vollständig in der Praxis realisieren lies. Der wirtschaftliche Druck, auf Grund der enormen Anzahl gewerblicher Zeitarbeitsunternehmen mit wesentlich niedrigeren Verrechnungssätzen, konnte nicht gänzlich durch den besonderen Anspruch der Sozialverträglichkeit und den damit verbundenen Appell an die Entleihbetriebe aufgefangen werden. Auch die angestrebte optimale Gestaltung und Organisation von Verleiheinsätzen (d. h. die Dienstleistung als solche) konnte und kann nicht, dem aus Kundensicht meist überwiegenden Argument des Preises bzw. der Kosten parieren.

7.7 Ziel: Problemgruppenorientierung

Die Geschäftstätigkeit von START richtet sich ausschließliche an Arbeitslosen. Diese sollen zunächst über Zeitarbeitsverhältnisse und darüber in ein festes Dauerarbeitsverhältnis wieder Zugang zum Arbeitsmarkt finden. Arbeitsverträge werden also ausschließlich mit zuvor arbeitslosen Menschen abgeschlossen. START möchte integrieren und nicht bereits beschäftigte Arbeitskräfte abwerben. Darüber hinaus erhebt die Gesellschaft den Anspruch sich vorrangig auf die besonderen Problemgruppen des Arbeitsmarktes zu beziehen. Diese besonderen Zielgruppen sollen entsprechend dem Gesellschaftsvertrag einen Anteil von über 50 % an den gesamten Einstellungen einnehmen.

---

[109] Geschäftsjahresbericht 2000, S. 11

7.7.1 Die besonderen Zielgruppen

Die ausgewiesen Zielgruppe besteht aus:

- Behinderten
- AN über 50 Jahre
- Langzeitarbeitslos (> 1 Jahr)
- Arbeitnehmer unter 25 Jahre
- Berufsrückkehrer
- Ausländer
- gering Qualifizierte

Mit der Zielgruppendefinition entspricht START den tatsächlichen Problemgruppen auf dem Arbeitsmarkt. Sie ist jedoch nicht abschließend, sondern stellt vielmehr eine Untergrenze dar. So nahm die Gesellschaft beispielsweise zwischen 1996 und 1999 an einem Frauenförderungsprojekt des Bundesministeriums für Familie, Senioren, Frauen und Jugend teil. „START setzt es sich als integraler Bestandteil der Unternehmenspolitik zum Ziel, durch das Instrument der Zeitarbeit die Erwerbsmöglichkeiten von Frauen und damit die Chancengleichheit zu fördern. Im Jahr 2007 wurde das interne Frauenprojekt in besonderem Maße beauftragt, durch die Erschließung neuer Geschäftsfelder diesen unternehmenspolitischen Auftrag zu erfüllen.“[110]

7.7.2 Beschäftigungsentwicklung insgesamt

In den ersten Jahren kam es zu enormen Beschäftigungszuwächsen. 1997 wurden 2.166 Neueinstellungen vorgenommen – ein Wert der lediglich 2000[111] und seit 2005 übertroffen werden konnte. Da das Konzept von START NRW insbesondere in den Anfängen sehr kritisch betrachtet wurde, wollte das Unternehmen möglichst rasch einen deutlichen Beschäftigungsbeitrag in Nordrhein - Westfalen leisten. Der Preis dafür lag jedoch in sehr niedrigen Vertragsabschlüssen mit den Entleihbetrieben, die die Kosten des Verleihs tlw. nicht decken konnten. Da nicht kostendeckende Einsätze langfristig nicht tragbar sind, führte eine verstärkte wirtschaftliche Ausrichtung der Niederlassungen in den Folgejahren zunächst zu Einstellungsrückgängen. In den Jahren 2001 - 2005 stabilisierte sich die Zahl der Neueinstellungen auf 1600 bis 1900 pro Jahr. Entsprechend der Branchenentwicklung zeichnen sich 2006 und 2007[112] als sehr starke – für START die bisher stärksten Jahre - aus.

[110] http://www.start-nrw.de/ueber_uns.frauen_und_unternehmen.php

[111] 2007 gab es insgesamt 2.541 Neueinstellungen

7.7.3 Realisierung des Zielgruppenanteils

Auch an Hand der Entwicklung des Zielgruppenanteils binnen der ersten 4 Jahre lässt sich sehr gut die schwerpunktmäßige Konzentration der Gesellschaftstätigkeit erkennen. Unter dem Druck stehend besonders hohe Zielgruppenanteile zu realisieren, stammten 1995 63 % der eingestellten Zeitarbeiter aus einer solchen. Das insbesondere in den beiden folgenden Jahren, die wirtschaftliche Konsolidierung der Gesellschaft in den Fordergrund rückte, spiegelt sich auch im Abrutschen des Zielgruppenanteils auf 49% bzw. 45 % wieder. Die hohen Beschäftigungszuwächse in den ersten Jahren wurden also maßgeblich durch nicht Zielgruppenangehörige erreicht, deren Verleihmöglichkeiten deutlich besser sind. Seit der wirtschaftlichen Stabilisierung der Gesellschaft sank der Anteil jedoch nie wieder unter 58%. 2006/2007 wurde sogar der Höchststand von 67% bzw. 70% erreicht. Die Personalzuwächse gingen also nicht zu Lasten der Zielgruppen sondern basieren auf ihnen.

7.7.4 Die einzelnen Zielgruppen

Behinderte Arbeitnehmer

Trotz intensiver Bemühungen, u. a. durch die Teilnahme an einem Modellversuch des Handwerks- und Landschaftsverbandes Westfalen – Lippe, blieb der Anteil der Leiharbeitnehmer mit einer Behinderung innerhalb der Zielgruppen stets sehr niedrig (durchschnittlich 2%). 2007 wurde erstmals ein Anteil von fast 4% werden. START stellte bewusst nicht stellenorientiert sondern zielgruppenorientiert ein, um den Anteil der behinderten Arbeitnehmer zu erhöhen und damit mehr Menschen mit Defiziten eine Integrationschance zu bieten.

Älter als 50 Jahre

Zeitarbeiter, die älter als 50 Jahre sind, nehmen ebenfalls einen eher geringeren Anteil an den Zielgruppeneinstellungen ein. Die Vorbehalte der Unternehmen gegenüber älteren Arbeitlosen konnten noch nicht im notwendigen Umfang abgebaut werden. In den letzten 6 Jahren ist der durchschnittliche Anteil jedoch nie unter 8% gefallen und betrug 2007 sogar 10,54%.

Länger als ein Jahr arbeitslos

Anders als bei den beiden bisher genannten Gruppen, konnte START v. a. in den ersten Jahren hier beachtliche Einstellungen realisieren. Jedoch mit einer von Beginn an negativen Entwicklung. Erst 2004 stieg der Anteil wieder deutlich an und nimmt seitdem etwa ein Viertel der Zielgruppeneinstellungen ein.

Die von START erreichte Relation von Gesamteinstellungen zu Langzeitarbeitslosen entspricht nahezu dem Branchenverhältnis.

Da an START der Anspruch einer gewichteten Konzentration an schwer vermittelbare Arbeitslose gestellt werden kann, erscheint dieses Ergebnis zunächst nicht überzeugend.

Dagegen muss aber berücksichtigt werden, dass START von den Entleihbetrieben wesentlich höhere Entgelte verlangt, als die überwiegende Branche. START muss somit durch die eigene Qualität und die Qualität der Mitarbeiter in einem erhöhten Maße überzeugen. START gelang es also offensichtlich die Kostenhürde zu überwinden, Vorbehalte der Betriebe zu durchbrechen und in gleichem Umfang wie die überwiegend gewinnorientierte Branche Langzeitarbeitslose einzustellen.

Jünger als 25 Jahre

Erst seit 1998 wird diese Gruppe im Berichtswesen der START Zeitarbeit NRW GmbH gesondert ausgewiesen und nimmt mit durchschnittlich 30% einen erheblichen Anteil ein. Die Begleitstudien des IAT kommentieren dies einerseits mit der besonderen Konzentration des Unternehmens auf die „Härtefälle" unter den Arbeitslosen: START möchte sich nicht nur auf die von der AÜGRi geforderten Zielgruppen beschränken, sondern auch andere schwer Vermittelbare berücksichtigen.

Andererseits schätzen die IAT - Berichte junge Arbeitslose als leichter integrierbar ein.

Sicherlich trifft beides zu: Junge Menschen unter 25 Jahren stellen zwischen 12% und 15% der gemeldeten Arbeitslosen dar und sind daher als Zielgruppe zu berücksichtigen[113].

Die Einstellungszahlen bei START zeigen aber auch, dass für diese Gruppe Leiheinsätze in größerem Umfang zu finden sind. Der angestrebte Anteil der Zielgruppe an den gesamten Zeitarbeitnehmereinstellungen ist mit dieser Erweiterung natürlich entsprechend leichter zu erreichen.

Berufsrückkehrer

Berufsrückkehrer werden nach wie vor kaum als LAN beschäftigt. Die eingestellten Mitarbeiter sind vorrangig weiblich[114], meist zur Beendigung des „Hausfrauen-Daseins". Dies ist v. a. damit zu begründen, dass Berufsrückkehrer nicht den Zugang über den Zeitarbeitsmarkt, sondern in der Regel über Teilzeitbeschäftigungen suchen.

[113]Bundesagentur für Arbeit, Eckwerte über die Entwicklung des Arbeitsmarktes 1999 - 2007

[114] Ergibt sich aus den Beschäftigungsstatistiken von START

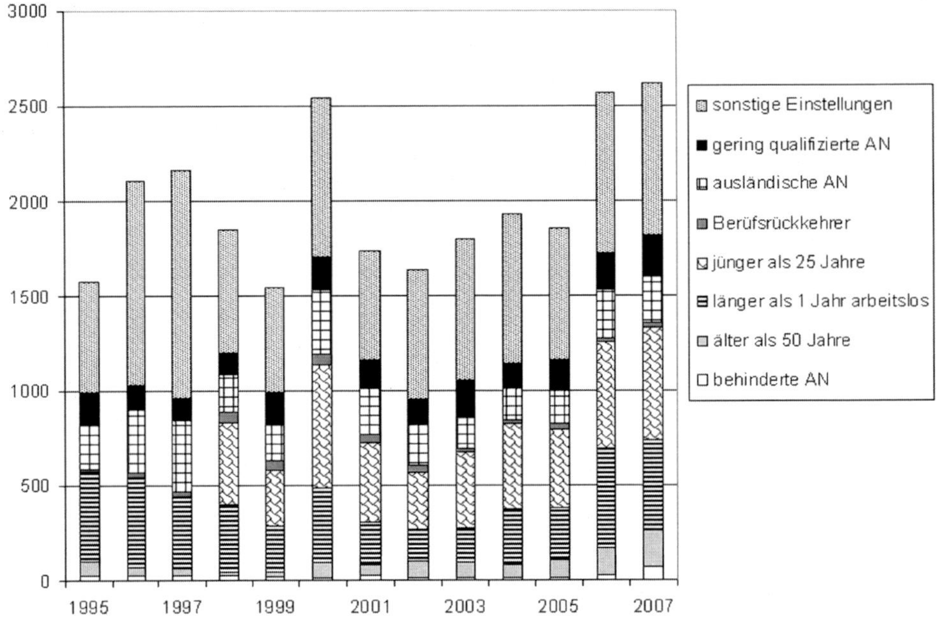

Abb. 9: Neueinstellungen und Anteil der Zielgruppen 1995 -2007

Quelle: START Beschäftigungsstatistiken

Gering qualifizierte Zeitarbeiter

Ca. 13% der zielgruppenangehörigen Zeitarbeiter sind gering qualifiziert. Lediglich 1995, 1999 und 2003 wurden ca. 18% erreicht. Ein Vergleich mit dem Mikrozensus 2006 des Statistischen Bundesamtes, wonach ca. 25% der Zeitarbeiter nicht über einen Berufsabschluss verfügen, zeigt, dass START hier deutlich hinter dem Branchenschnitt zurückbleibt.

Dies folgt dem Rational, dass sich für Facharbeiter höhere Verrechnungssätze vereinbaren lassen und START sich in dieser Gruppe deutlich besser im harten Wettbewerb mit Argumenten wie Qualität und Qualifikation behaupten kann. Schon frühzeitig zeichnete sich ab, „dass START Zeitarbeit NRW aufgrund der tariflichen Bindung, Probleme haben würde, im Wettbewerb mit kommerziellen Zeitarbeitsunternehmen in diesem Segment bestehen zu können.“[115] START verlieh in den ersten Jahren noch vollständig nach dem „Referenzlohnprinzip“. Damalige Untersuchungen auf der Basis der Beschäftigtenstatistik der Bundesanstalt für Arbeit ergaben jedoch, dass niedrig qualifizierte Arbeiter als Leiharbeiter, ein

[115] Weinkopft, Claudia; Vanselow, Achim: Wiedereingliederung von Arbeitslosen durch sozialverträgliche Arbeitnehmerüberlassung, Düsseldorf, 2000 , S. 62

um 40 % geringeres Monatseinkommen erzielten, als die vergleichbaren Gruppen in einem Normalarbeitsverhältnis[116].

Hinzukommt, dass START Verleiheinsätze auf Integration ausrichtet, die Unternehmen gerade im Bereich der niedrig Qualifizierten daran jedoch kein vorrangiges Integrationsinteresse haben. Insofern ist der am Branchenschnitt gemessene eher geringe Anteil doch sehr positiv zu bewerten. Die erreichten Zahlen sind dabei noch unterzeichnet, da ein nicht unbeachtlicher Teil der gering qualifizierten jünger als 25 Jahre ist und statistisch damit dieser Gruppe zugeordnet ist. Der hohe Anteil 2003 ist tlw. sicherlich auf die tarifären Veränderungen (Einführung der Entgeltgruppen 1 und 2 ohne Referenzlohnprinzip) zurückzuführen.

Die Gesellschaft selbst sagt jedoch weiterhin, dass der reine Helferbereich für START immer noch sehr verschlossen ist, aufgrund der sehr niedrigen Konkurrenzlöhne. Dementsprechend, sanken die Zahlen seit 2004 auch wieder deutlich ab nachdem die AÜG-Reformen zu sehr niedrigen Tarifabschlüssen geführt haben.

7.8 Ziel: Integration

Integration und Zeitarbeit stellen zunächst grundsätzliche Gegenpole dar. Dies liegt bereits in dem Wesen des externen Mitarbeiters, der nicht Teil der Kernbelegschaft ist. V. a. bei kurzfristigen Einsätzen hat ein Zeitarbeitnehmer kaum Möglichkeiten, sich in die soziale Gemeinschaft „Belegschaft" zu integrieren. Zeitarbeit und Integration sind fernerhin auch deshalb zunächst schwer zu vereinbaren, da Zeitarbeit überwiegend gerade existiert, um Integrationen, im Sinne einer Erweiterung des unternehmenseigenen Arbeitskräftepotentials, zu vermeiden. Trotzdem bescheinigen alle Branchenangehörigen der Leiharbeit einen "Klebeeffekt[117]" und nutzen diesen stets als Argumentationsbasis für Zeitarbeit. Das der Klebeeffekt tatsächlich von den gewinnorientierten Zeitarbeitsfirmen gewollt ist, muss jedoch bezweifelt werden, denn durch die aktive Förderung von Übernahmen fallen für den Verleiher wichtige Umsätze weg.

Aber wie ist das bei START? Was unternimmt START um bewusst den Übergang von der Zeitarbeit zur Normalarbeit zu fördern?

7.8.1 Förderung der Übernahme

Die Förderung setzt bereits mit den ersten Kontakten zum potentiellen Entleihunternehmen an, indem das besondere Konzept erläutert wird. In einer 2000 veröffentlichten Befragung der START - Leihbetriebe, durchgeführt durch das IAT, über den Anlass der Zusammenarbeit, gaben fast 60 % der Befragten die risikolose Erprobung neuer Arbeitskräfte als Grund

[116] ebd.

[117] Danach werden Leiharbeiter häufig vom entleihenden Betrieb übernommen und bleiben in sofern daran kleben.

an. START gelingt es demnach bei den akquirierten Unternehmen insbesondere den Erprobungsaspekt hinsichtlich einer späteren Festeinstellung ins Bewusstsein zurücken.

Vor dem Einsatz trägt die passgenaue Auswahl des Leiharbeiters, erheblich zu einer späteren Übernahme bei. Dazu werden u. a. Bewerbungsgespräche (nach einer Vorauswahl von START) mit den Verantwortlichen des Entleihbetriebes gemeinsam durchgeführt. Dies erhöht auch die Akzeptanz des externen Mitarbeiters beim künftigen Vorgesetzten, was eine Vorbildwirkung für die Kernbelegschaft hat (= Beitrag zur sozialen Integration in den Entleihbetrieb). Gleichzeitig wird mit der Unternehmensbeteiligung die Möglichkeit einer Falschbesetzung minimiert.

Während des Einsatzes sind v. a. die ständige Betreuung des Mitarbeiters durch START und der regelmäßige Kontakt zum Entleihbetrieb entscheidend. So können eventuelle Probleme, die die Übernahmechancen des LAN minimieren bzw. möglicherweise zu einer Beendigung des Vertragsverhältnisses mit START führen, frühzeitig erkannt und beseitigt werden.

START regt darüber hinaus auch während des Einsatzes Übernahmen an, weißt auf besonders übernahmegeeignete Mitarbeiter hin und steht dem Unternehmen beratend beiseite, wenn es um die Leistungsbeurteilung der Zeitarbeiter geht. Die Übergänge werden versucht so unbürokratisch und unproblematisch wie möglich zu gestalten. So wird z. B. in Einzelfällen auf die Einhaltung von Kündigungsfristen verzichtet. Das die tariflichen Vereinbarungen, die den Zeitarbeitnehmer direkt betreffen, keine Übernahmehemmnisse enthalten, trägt sein Übriges dazu bei.

START versucht jedoch nicht nur eine Integration von „oben“ zu erreichen, sondern sucht auch den Kontakt mit dem Unternehmensbetriebsrat. Die Kommunikation beider Betriebsräte führte bereits häufig zu gemeinsamen Lösungen/Vereinbarungen. Die Akzeptanz beim Unternehmensbetriebsrat ist enorm wichtig und zwar nicht nur weil Leiharbeit mitbestimmungspflichtig ist. Der Betriebsrat hat oft Einfluss auf die allgemeine „Stimmung“ im Betrieb und kann damit entscheidenden Einfluss auf die soziale Integration des externen Mitarbeiters ins Betriebsgeschehen nehmen.

Ein weiterer Baustein zur Integrations- und Übernahmeförderung sind die in Kapitel 7.5 dargestellten Qualifizierungsmaßnahmen.

Die Grenzen der integrationsorientierten Aktivitäten liegen natürlich auf der Hand, START verfügt über keinen weitreichenden Einfluss auf grundsätzliche Einstellungsentscheidungen im Unternehmen. Aber mit der dargestellten Arbeitsweise in Verbindung mit dem der Arbeitnehmerüberlassung eigenem Übernahmepotential, werden Integrationsprozesse bewusst gefördert. Die Grenzen der Integrationsaktivitäten liegen jedoch auch in den finanziellen Ressourcen der Gesellschaft. So wäre eine Ausweitung der Qualifizierungsmaßnahmen stets wünschenswert, kann aber nur insoweit umgesetzt werden, wie es die erwirtschafteten Gewinne zulassen.

7.8.2 Übernahmeerfolge

Letztlich ist das Konzept der sozialverträglichen und wiedereingliederungsorientierten Arbeitnehmerüberlassung an die erfolgreiche Integration gebunden. Doch wie erfolgreich ist die Arbeit von START? Konnte START wesentlich dazu beitragen, die eigenen Mitarbeiter in ein Normalarbeitsverhältnis zu integrieren?

Von den 22.089 Zeitarbeitern, die bis zum 31. 12. 2007 das Unternehmen verließen, wurden 10.175 in ein sozialversicherungspflichtiges Arbeitsverhältnis übernommen. Dies entspricht einer kumulierten Eingliederungsquote von 46 %.

Auch der Vergleich der Übernahmen mit den Einstellungen liefert ähnliche Werte: 39% der 25.947 bisher eingestellten Zeitarbeiter wurden in ein reguläres Arbeitsverhältnis überführt. Das Integrationsergebnis von START belegt demnach, dass Leiharbeit durchaus ein Instrument zur Wiedereingliederung in den Normalarbeitsmarkt sein kann.

Doch wie sieht es mit den besonderen Zielgruppen von START aus? Können besonders schwer vermittelbare Arbeitslose auch in ein Normalarbeitsverhältnis integriert werden?

Die Auswertungen der START-Statistiken bejahen dies eindeutig: So stammen 54 % aller übernommenen Zeitarbeiter aus einer definierten Zielgruppe, wobei sich die Aufteilung auf die einzelnen Zielgruppen symmetrisch zu den Einstellungen verhält. D. h. über die Hälfte der integrierten Mitarbeiter stellten einst schwervermittelbare Arbeitlose dar.

Vergleicht man die Einstellungen pro Zielgruppe mit den Übernahmen pro Zielgruppe, zeigt sich, dass fast jeder 2. Berufsrückkehrer von einem Unternehmen übernommen wurde. Aber auch bei den unter 25 Jährigen wird mit durchschnittlich 40% eine hervorragende Quote erzielt.

Insgesamt ist es START gelungen mindestens jeden Dritten (35%) eingestellten Mitarbeiter, der zuvor arbeitslos war und als besonders schwer zu vermitteln galt, wieder in ein Normalarbeitsverhältnis zu transponieren.

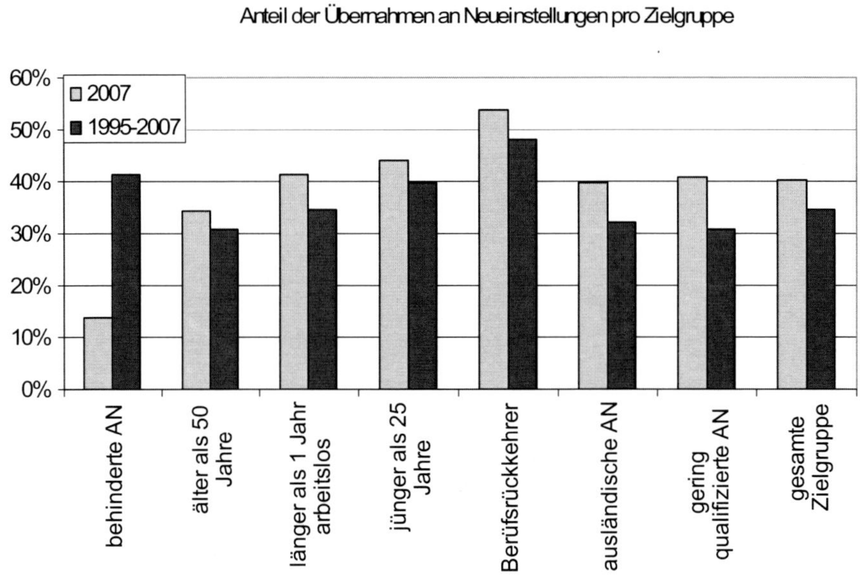

Abb. 10: Übernommene Zielgruppenangehörige 1995 – 2007

Quelle: START Beschäftigungsstatistiken

7.9 START Zeitarbeit NRW GmbH - Ziele erfüllt?

Das sich selbst auferlegte Ziel, eines Problemgruppenanteils von über 50 % bei den Einstellungen, konnte von START eindeutig erreicht werden. Die Tatsache, dass alle Zeitarbeiter zuvor ohne Beschäftigung waren, wertet alle erreichten Einstellungs- und Eingliederungszahlen zusätzlich auf. Mit den Einstellungen bringt START arbeitslose Menschen, zunächst auf dem Leiharbeitsmarkt in Beschäftigung ohne dabei prekäre, oder sich an der Grenze dazu befindende, Arbeitsverhältnisse zu schaffen.

START hat es insbesondere im Bereich der Helfertätigkeiten schwer sich gegenüber dem Wettbewerb durchzusetzen. Generell ist START auf Betriebe, die sich dem Konzept, der sozialverträglichen, wiedereingliederungsorientierten Arbeitnehmerüberlassung öffnen, angewiesen um trotz Verleihkostenunterschiede gegenüber der Konkurrenz bestehen zu können. Dabei gilt, umso schwächer der Arbeitsmarkt ist, um schwieriger wird es auch für START sich zu behaupten, denn mit steigender Arbeitslosigkeit wächst auch die Auswahl der potentiellen Arbeitnehmer für den Arbeitgeber. Damit wird es Menschen mit besondern „Handicaps" noch schwerer fallen, Zugang zum Arbeitsmarkt zu finden.

START zeigt, dass mehr als jeder Dritte zuvor Arbeitslose, der hier beschäftigt wurde, im Anschluss in ein Normalarbeitsverhältnis wechseln konnte bzw. jeder Zweite von denen, die START bereits verlassen haben.

Viele Kritiker des START - Konzepts führen an, dass die Eingliederungserfolge von START auch durch herkömmliche Arbeitnehmerüberlassung zu erreichen sind. Der Branchendurchschnitt wird in der Tat auf zwischen 18% und 30% geschätzt. Diese Schätzungen, die auf Aussagen der gewerblichen Zeitarbeitsverbände beruhen, sind bisher jedoch statistisch nicht erfasst und damit nicht nachweisbar. Selbst wenn diese Zahlen realistisch sind, werden sie unter Arbeitsbedingungen erreicht, die weit unter dem Niveau von START liegen und mit Zeitarbeitern, die zu 35% bereits vorher in Beschäftigung standen.

START kann seine wirtschaftliche Existenz dabei nicht wesentlich auf das Ausnutzen bestehender Lohndifferentiale zurückführen. Lägen bei den Kundenbetrieben von START darin die maßgeblichen Gründe für den Einsatz von Zeitarbeitern, dann hätten sie mit großer Wahrscheinlichkeit nicht START als Verleiher gewählt. Denn die ersten Haustarifverträge brachten überwiegend den Tarifvertrag des Entleihbetriebes zur Anwendung. Mit dem aktuellen Tarifwerk musste in der heiklen Frage der Entlohnung vom Referenzlohnprinzip teilweise abgewichen werden. Trotzdem entlohnt START höher als die Branche und berechnet damit auch höhere Verrechnungssätze gegenüber dem Verleiher.

START beweist, dass es möglich ist gute sozialverträgliche Arbeitsbedingungen für Zeitarbeiter zu schaffen, die Brückenfunktion von Leiharbeit auszunutzen und trotzdem wirtschaftlich zu agieren.

8 Kriterienkatalog

Nachdem bisher Dargestellten lassen sich verschieden Kriterien formulieren, unter deren Berücksichtigung, Leiharbeit nicht nur sozialverträglicher gestaltet werden kann, sondern auch akzeptabel wäre:

Leiharbeit muss mindestens zu dem im Entleihbetrieb geltenden Tarif vergütetet werden.

Nur so kann vermieden werden, dass Zeitarbeit in Konkurrenz zur Dauerbeschäftigung tritt, ohne dabei gleichzeitig den generellen Spielraum für Zeitarbeit zu beschränken. Auch ein „Zuschlag" für Leiharbeiter wäre gerechtfertigt als Ausgleich für ein Arbeitsverhältnis, welches ein hohes Maß an Flexibilität fordert, von geringerer Beschäftigungsstabilität geprägt ist und i. d. R. nicht zu einer sozialen Integration führt wie bei vergleichbaren Festangestellten.

Bei zumindest gleicher Entlohnung ist auch ein langfristiger Einsatz unkritischer zu sehen. Unternehmen könnten Leiharbeit weiterhin zur Abdeckung von Auftragsspitzen einsetzen, zur Erprobung von Mitarbeitern oder aufgrund der nach wie vor bestehenden sonstigen wirtschaftlichen Vorteile. Das Risiko der Etablierung von Niedriglohnbeschäftigung als Ersatz für Stammarbeitsplätze wird jedoch drastisch minimiert.

Leiharbeitnehmer bedürfen einer funktionierenden Interessenvertretung.

Den besonderen Eigenschaften der Zeitarbeit muss auch in dieser Beziehung Rechnung getragen werden. Zeitarbeiter dürfen nicht aufgrund ihrer Flexibilität von wesentlichen sozialen Standards ausgeschlossen sein. Sie haben besondere Interessen und diese sind mindestens ebenso schützwürdig, wie die eines jeden anderen Arbeitnehmers. Wünschenswerte wären insbesondere eine deutliche Präsenz des Verleihbetriebsrates für den LAN, eine starke Zusammenarbeit zwischen den Betriebsräten von Ent- und Verleihbetrieben sowie die Berücksichtigung von LAN bei der Betriebsratsgröße in den Entleihbetrieben. Auf die Ausführungen in Kapitel 4.3 wird verwiesen.

Leiharbeitnehmer haben ebenfalls einen Anspruch auf Qualifizierung.

Entsprechend dem niederländischen Beispiel sollte ein Fonds eingerichtet werden, in den die Verleihbetriebe einen bestimmten Prozentsatz der Lohnsumme einzahlen und der während verleihfreier Zeiten für Qualifizierungsmaßnahmen genutzt wird. Hilfreich wäre ebenfalls die Einführung eines tarifvertraglichen Anspruches auf Qualifikation. Auf die Ausführungen in Kapitel 6.1 wird verwiesen.

Leiharbeit ist insbesondere dann zu befürworten, wenn durch sie zusätzliche sozialversicherungspflichtige Beschäftigungsverhältnisse entstehen.

Dies ist dann gegeben, wenn sie z. B. als Alternative zu Überstunden und Sonderschichten gewählt wird. Dies jedoch nur unter der Voraussetzung akzeptabler Arbeitsbedingungen.

Neu geschaffene Niedriglohn-Beschäftigung anstelle von erweiterten oder zusätzlichen „Normalarbeitsverhältnissen“ ist nicht wünschenswert.

Leiharbeit hilft Unternehmen flexibel auf Auftragsspitzen zu reagieren

Soweit für Zeitarbeitnehmer akzeptable Arbeitsbedingungen vorliegen, insbesondere - aber nicht ausschließlich - hinsichtlich der Entlohnung, bietet Zeitarbeit eine für die Wirtschaft sinnvolle und attraktive Möglichkeit, kurzfristigen Personalbedarf abzudecken.

Leiharbeit kann zur Wiedereingliederung von Arbeitslosen dienen.

Das Integrationspotential ist der Arbeitnehmerüberlassung immanent und muss daher nicht durch dauerhaft niedrige Tarife zusätzlich angeregt werden. Niedrige Verrechnungssätze verringern für den Entleiher die Attraktivität von Festeinstellungen und wirken dem Integrationsziel entgegen. Es bedarf insbesondere nicht eines speziellen Einstiegstarifes für Arbeitslose, da die Mehrheit der LAN ohnehin zuvor arbeitslos ist. Zu untersuchen wäre, inwieweit ein zeitlich befristeter Einstiegstarif für die besonderen Problemgruppen des Arbeitslosenmarktes, das Integrationspotential von Zeitarbeitern unterstützen könnte bzw. inwieweit dies lediglich zu Mitnahmeeffekten bei Verleih- und Entleihbetrieben führt (entsprechende Erfahrungen wurden mit den PSAs gemacht). Denkenswert wäre auch eine Vermittlungsprämie, die an den Verleihbetrieb bei erfolgreicher Integration gezahlt wird. Eine solche Prämie müsste an den Abschluss eines unbefristeten Arbeitsvertrages innerhalb eines bestimmten Zeitraumes, sowie an eine gewisse Bestandsdauer des neuen Arbeitsverhältnisses geknüpft sein.

Ungeachtet finanzieller Anreize sollten die Tarifverträge keine zusätzlichen Hemmnisse hinsichtlich der Rückzahlung von Sondergratifikationen oder dem Abbau von Minusstunden enthalten.

Auf die Ausführungen in Kapitel 6 wird verwiesen.

Pulte

Das deutsche Arbeitsrecht

Kompaktwissen für die Praxis

In erster Linie will das Arbeitsrecht die Rechtsbeziehungen zwischen Arbeitgeber und Arbeitnehmer - den Parteien des Arbeitsrechts - und deren Organisationen und Interessenvertretern regeln. Darüber hinaus dient es dem besonderen Schutz aller in abhängiger Tätigkeit stehender Personen. Im Vordergrund des Arbeitslebens steht der Mensch mit seiner persönlichen Arbeitsleistung.

Der Titel vermittelt kompakt und übersichtlich die vielseitigen Facetten des Arbeitsrechts. Von der Einstellung über die Durchführung bis zur Beendigung des Arbeitsverhältnisses werden alle Aspekte dargestellt, die in einem Arbeitsleben auftreten können. Aber auch die kollektivrechtliche Seite Betriebsverfassung, Tarifordnung, Streikrecht, das Arbeitsschutzrecht und das arbeitsgerichtliche Verfahren sind in die Darstellung aufgenommen worden.

Das Buch aus der Reihe „Kompaktwissen für die Praxis“ bietet sich somit sowohl zum Studium als auch für die praktische Orientierung als ein bedeutsames Hilfsmittel an.

ISBN 978-3-941388-00-0 Preis der Printausgabe: 19,80 €

Bontrup, Hansen

Personalmanagement

Kompaktwissen für die Praxis

Das Buch Personalmanagement ist eine Aufsatzsammlung von prominenten WissenschaftlerInnen und PraktikerInnen.

Neben Fragen der Personalplanung und des Personal- controllings werden das Problemfeld der Führung im Unternehmen sowie die Theorie und Praxis aktueller Manage- mentkonzepte zur Modernisierung der Arbeitsorganisation angesprochen. Weitere Aufsätze beschäftigen sich mit einem internationalen Vergleich der Arbeitszeitorganisation im Betrieb und mit der theoretischen Analyse des Arbeitsentgeltes in Form eines volks- und betriebswirtschaftlichen Diskurses.

Den Abschluss des Buches bildet ein Beitrag zur Unternehmenskultur, Partizipation und Mitbestimmung.

Die vorgelegte Aufsatzsammlung eignet sich sowohl für Studierende der Wirtschaftswissenschaft mit den Schwer- punkten Arbeitsökonomie und Personalbetriebswirtschafts- lehre als auch für Praktiker im Bereich des Personal- management sowie für unternehmerische und betriebliche Mitbestimmungsträger.

ISBN 978-3-941388-17-8 Preis der Printausgabe: 19,80 €

Korenke

Das deutsche Sozialversicherungsrecht Kompaktwissen für die Praxis

Das deutsche Sozialversicherungsrecht umfasst die fünf verschiedenen, im Sozial- gesetzbuch kodifizierten Zweige der Sozialversicherung. Das sind die Arbeits- losenversicherung, die gesetzliche Kranken-, Renten- und Unfallversicherung sowie die soziale Pflegeversicherung. Das Sozial- versicherungsrecht dient ebenso wie das Arbeitsrecht in erster Linie dem Schutz der abhängig Beschäftigten. Allerdings sind die Rechtsbeziehungen zwischen den Trägern der Sozialversicherung (Bundesagentur für Arbeit, Kranken- und Pflegekassen, Berufsgenossenschaften, Rentenversicherung etc.) öffentlich-rechtlicher Natur.

Der vorliegende Titel gibt einen praxisorientierten Überblick über die wichtigsten Begriffe und Institute der Sozialversicherung. Ausführlich behandelt werden vor allem die Ansprüche der Versicherten auf Arbeitslosen- und Krankengeld, auf Rente wegen ver- minderter Erwerbsfähigkeit, auf Verletztenrente nach einem Arbeitsunfall sowie auf Pflegegeld. Überdies werden in dem jeweiligen Kontext die Rechtsmittel des Widerspruchs und der Klage beim Sozialgericht dargestellt.

ISBN 978-3-941388-03-1 Preis der Printausgabe: 19,80 €

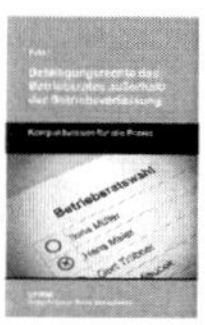

Pulte

Beteiligungsrechte des Betriebsrates außerhalb der Betriebsverfassung

Kompaktwissen für die Praxis

Die betriebliche Mitbestimmung der Arbeitnehmer regelt das Betriebsverfassungsgesetz. Darin ist die Zusammenarbeit zwischen Arbeitgeber, Belegschaften, Betriebsrat, Gewerkschaften und Vereinigungen des Arbeitgebers festgelegt. Es beinhaltet die Regelungen von der Wahl des Betriebsrats als Interessenvertretung der Arbeitnehmer über seine Aufgaben bis zu seinen Rechten. Geregelt werden darin im Einzelnen Informations-, Anhörungs- und Mitwirkungsrechte des Betriebsrats.

Neben den Regelungen im Betriebsverfassungsgesetz sind in zahlreichen anderen Gesetzen, Verordnungen und Anordnungen Rechte und Pflichten des Betriebsrates geregelt bzw. dessen Einbeziehung vorgesehen.

In der Reihe „Kompaktwissen für die Praxis" wird eine neue Übersicht veröffentlicht, die nach Sachgebieten geordnet den wesentlichen Regelungsinhalt beinhaltet.

ISBN 978-3-941388-01-7 Preis der Printausgabe: 19,80 €